PONS

Bürokommunikation
FRANZÖSISCH

von Claude Pruvot-Büttner

Neubearbeitung von
Elisabeth Froget-Seeger
Véronique Massé du Bois

PONS GmbH
Stuttgart

PONS
Bürokommunikation
FRANZÖSISCH

von Claude Pruvot-Büttner

Neubearbeitung von Elisabeth Froget-Seeger, Véronique Massé du Bois

Dieses Werk ist inhaltlich identisch mit ISBN 978-3-12-561163-4.

Auflage A1 5 4 3 2 / 2013 2012 2011

PONS Produktinfos und Shop: www.pons.de
PONS Sprachenportal: www.pons.eu
E-Mail: info@pons.de

Redaktion: Regina Reinboth-Kämpf
Logoentwurf: Erwin Poell, Heidelberg
Logoüberarbeitung: Sabine Redlin, Ludwigsburg
Einbandgestaltung: Tanja Haller, Petra Schnur, Stuttgart
Titelfoto: Vlado Golub, Stuttgart
Layout: BUERO CAÏRO, Stuttgart
Satz: BUERO CAÏRO, Stuttgart; Satzkasten, Stuttgart
Druck und Bindung: Gmähle-Scheel Print-Medien GmbH, Kriegsbergstraße 14, 71336 Waiblingen-Hohenacker

Printed in Germany.
ISBN: 978-3-12-561734-6

Inhaltsverzeichnis

Anhang – *Annexes*

So benutzen Sie dieses Buch

Wenn Sie lernen möchten, sämtliche Formen des Schriftverkehrs im Französischen zu beherrschen, so beachten Sie bitte folgende Hinweise:

Lesen Sie zuerst das Einführungskapitel **Allgemeines.**

In den nachfolgenden Kapiteln lernen Sie dann, wie im Französischen Briefe formuliert werden. Prinzipiell ist jedes Kapitel folgendermaßen unterteilt:

- Zuerst vervollständigen Sie einen **Lückenbrief.** Hierfür wählen Sie aus einer Liste mit mehreren Angaben den jeweils richtigen Ausdruck und setzen ihn in die entsprechende Lücke ein. Im Anhang des Buches finden Sie den dazugehörigen **Lösungsbrief**, der Ihnen auch als Musterbrief dienen kann. Und damit Sie ein Gefühl dafür bekommen, wie förmlich ein Schreiben ist, finden Sie am unteren rechten Rand der Lückenbriefe jeweils eine Markierung mit dem Grad der Förmlichkeit, der von 1 „formell" bis 4 „informell" reicht.
- Im Abschnitt **Textbausteine** lernen Sie, welche Ausdrücke in bestimmten Situationen üblich sind.
- In den **Anmerkungen** werden Sie auf besondere sprachliche Formen und bei der Übersetzung zu beachtende Schwierigkeiten hingewiesen.
- Schließlich heißt es: **„Sie sind dran!".** In diesem Teil sollen Sie selber mit Hilfe von Lückensätzen, die Sie vervollständigen müssen, eigenständig Briefe, Faxe oder E-Mails schreiben. Auf diese Weise merken Sie sich die wichtigsten Begriffe und Wendungen und prägen sich die verschiedenen Formulierungsmöglichkeiten ein. Auch für diese Schreiben finden Sie im Anhang **Lösungen** bzw. **Lösungsvorschläge.**
- Die **Lerntipps** geben Hinweise, worauf Sie achten können, um noch effizienter zu lernen.

Wenn Sie punktuelle Hilfestellung brauchen, können Sie dieses Buch auch als Nachschlagewerk verwenden:

- Im Einführungskapitel **Allgemeines** werden Ihnen die in der französischen Korrespondenz üblichen Formregeln vermittelt.
- Die **Musterbriefe** können als Vorlage dienen, wenn Sie zu einem bestimmten Themenbereich einen Brief, ein Fax oder eine E-Mail schreiben wollen.
- Die **nützlichen Wendungen** bieten Ihnen einen Abriss der geläufigsten Wendungen der französischen Geschäftskorrespondenz.
- Die Auflistung der **geläufigen Abkürzungen** hilft Ihnen, die deutsche Entsprechung zu finden.
- In den beiden **Glossaren** schließlich finden Sie in diesem Buch verwendete Begriffe, die man vielleicht nicht immer parat hat – in deutscher und französischer Sprache.
- Der **kleine Spickzettel für Telefongespräche** auf den letzten beiden Seiten soll Ihnen beim Telefonieren rasch auf die Sprünge helfen, damit Sie nicht plötzlich sprachlos sind.

Und nun: viel Erfolg beim Schreiben und Telefonieren!

Allgemeines

Musterbrief

LES FIBRES

30, rue Grimaldi • 59840 Lille • France
Tél. : 03.27.78.92.03 • Fax : 03.27.87.20.30
www.lesfibres.fr

Madame Annick Poisson
Boutique Dorée
35, avenue Victor Hugo
59360 Le Cateau

V/Réf. :
N/Réf. :
Objet : Nouvelle collection
P.J. : Catalogue

Lille, le 4 mai 20…

Madame,

J'ai le plaisir de vous adresser les catalogues présentant l'ensemble de nos tissus et papiers peints 20…, dans lesquels vous découvrirez de nombreuses nouveautés.

Je me permets d'attirer votre attention sur notre offre exceptionnelle : 10 % de réduction sur les commandes passées avant le 30 mai.

En vous remerciant de votre confiance et de votre fidélité, je vous prie de croire, Madame, à l'expression de mes sentiments dévoués.

D. Maunet

Daniel Maunet
Service des Ventes

Groupe Fibres S.A. au capital de 386.500 € • Siège social: 6, avenue Hoche 75411 Paris • RC Paris B255 017 178 • Siret 442 018 221 0047 • C.C.P. Paris 1343-39

Briefkopf und Anschrift

Der Briefkopf enthält den Namen bzw. den Firmennamen des Absenders sowie das Firmenzeichen **(le logo)** und sehr oft dessen Adresse, Telefon- und Faxnummer.

Die folgenden Angaben können entweder Teil des Briefkopfes sein oder unten auf dem Briefblatt stehen: Rechtsform des Unternehmens, Höhe des Gesellschaftskapitals, Firmensitz und gegebenenfalls Anschrift der Zweigniederlassung, Postfach, Telefonnummer, Telexadresse, Telefaxnummer (mit **fax** oder **télécopie** gekennzeichnet), E-Mail-Adresse, Postscheckkonto oder Bankverbindung sowie die Handelsregistereintragung (vgl. im Anhang „Geläufige Abkürzungen“).

Vérandas

3, rue du Maréchal Foch √ 03200 Vichy
Tél.: 04 30 28 25 42 √ Fax: 04 30 82 52 24
info@verandas.fr √ www.verandas.fr

C.C.P. : Clermont-Fd no. 1512-14 R.C.S. : Clermont-Fd 420 672 408

Wenn das Schreiben keinen Briefkopf hat, erscheint die Absenderadresse oben links.
Die Adresse des Empfängers steht rechts, etwas tiefer positioniert, ebenso Ort und Datum.

PHOTOCOP
27, rue de Sandillon
45590 Saint-Cyr-En-Val

Madame Pavot
8, rue du Moulin
59360 Le Cateau Cedex

Saint-Cyr-en-Val, le 1er juin 20…

Anrede in der Anschrift

- Wenn Sie den Namen des Adressaten nicht kennen, schreiben Sie seine Funktion in der Firma oder die Abteilung, z. B.:
  Monsieur le Directeur du Crédit Lyonnais
- Wenn Sie den Namen der Person kennen, schreiben Sie:
  Monsieur Eric Petit
  Directeur du Crédit Lyonnais
- Wenn Sie einen Brief an eine Firma senden, der einer bestimmten Person zugeleitet werden soll, z. B. leitenden Angestellten wie Personalchefs, fügen Sie
  A l'attention de – *z. Hd.* nach dem Firmennamen hinzu.
- **Cedex (= courrier d'entreprise à distribution exceptionelle)** bedeutet, dass die Post der Firma gesondert zugestellt wird.
- Im Allgemeinen werden **allée**, **avenue**, **boulevard**, **place**, **route**, **rue** kleingeschrieben und können (ausgenommen **rue**) abgekürzt werden:
  all., **av.**, **bd**, **pl.**, **rte.**
- In Frankreich und Luxemburg steht die Hausnummer vor dem Straßennamen, in der Schweiz ist es umgekehrt. In Belgien findet man beide Schreibweisen.

Frankreich und Luxemburg:	**7 bis, rue de Varenne**
Schweiz:	**Place Füssli, 30**
Belgien:	**13, boulevard Adolphe Max**
	Rue Notre Dame 3

Datum

Das Datum wird mit **le** eingeführt. Nur für den Monatsersten wird die Ordinalzahl **1er** (= premier) benutzt, ansonsten die Kardinalzahlen (2, 3, 4, ...). Der Monat wird ausgeschrieben: **le 12 mai 20...**
Hinter dem Ortsnamen steht immer ein Komma: **Paris, le 28 février 20...**

Anrede am Briefanfang und Schlussformel

Die Anrede

Formelle Beziehungen

Beachten Sie,
- dass die Anrede nicht abgekürzt werden darf;
- dass der Name in der Anrede nicht erwähnt wird;
- dass nach der Anrede immer ein Komma steht.

Bei formellen und geschäftlichen Beziehungen lautet die Standardanrede, wenn Sie weder Namen noch Geschlecht kennen:
Madame, Monsieur,
Messieurs,
Mesdames, Messieurs,

Wenn Sie einer Person schreiben, die Sie persönlich kennen oder mit der Sie oft zu tun haben:
Madame,
Monsieur,
Chère Madame,
Cher Monsieur,

Wenn Sie von einer Person Titel oder Berufsbezeichnungen kennen:
Madame la Présidente,
Monsieur le Président,
Madame la Directrice,
Monsieur le Directeur,
Maître (bei einem / einer Rechtsanwalt / -anwältin)
Docteur (bei einem Arzt / einer Ärztin)
Monsieur le Chef du Personnel (bei einem Personalleiter)

Wenn Sie einer Kundin oder einem Kunden schreiben:
Madame et Chère Cliente,
Chère Cliente,
Monsieur et Cher Client,
Cher Client,

Informelle Beziehungen

Wenn Sie eine oder mehrere Personen gut bzw. sehr gut kennen:
Chère collègue, Cher collègue,
Chères collègues, Chers collègues,
Chers amis,
Chère Elisabeth,

- **Persönliche Beziehungen**

  Wenn Sie einem guten Bekannten oder Freunden schreiben:
  Mon cher Louis,
  Ma chère Caroline,
  Bien chers tous,

Die Schlussformel

In der Grußformel muss die Anrede (zwischen zwei Kommas) wiederholt werden, z. B.:
Nous vous prions d'agréer, Messieurs, nos sentiments respectueux et dévoués.

Im Vergleich zu der deutschen Grußformel *„Mit freundlichen Grüßen"* erscheinen die verschiedenen französischen Grußformeln ziemlich „schwülstig". Doch eine zu kurze oder unkorrekte Grußformel kann unhöflich wirken und einen schlechten Eindruck hinterlassen.
Die Grußformel hängt von der Beziehung zwischen Absender und Empfänger (z. B. Angestellter an Direktor oder Direktor an Angestellten), der Art des Briefes (z. B. Dankschreiben) und dessen Ton (z. B. formell) ab.
Hier finden Sie einige Beispiele:

- **Sehr respektvoll**

  Je vous prie d'agréer, ..., l'assurance de ma respectueuse considération.
  Nous vous prions de croire, ..., à l'expression de nos sentiments respectueux / les plus dévoués.
  Veuillez accepter / Je vous prie d'agréer, Madame, l'expression de mes respectueux hommages. *(nur von einem Mann an eine Frau)*

- **Formell bis freundlich**

  Nous vous prions de croire, ..., à l'assurance de nos sentiments distingués.
  Nous vous prions d'agréer, ..., l'expression de nos sentiments distingués. *(eine Frau sollte vermeiden, einem Mann „sentiments" zu schreiben!)*
  Nous vous prions d'agréer / de recevoir, ..., nos salutations distinguées.
  Veuillez agréer, ..., nos salutations distinguées.
  (Diese beiden letzten Grußformeln werden am häufigsten benutzt.)
  Agréez, ..., nos salutations distinguées. *(Diese Grußformel ist wegen des Imperativs ziemlich trocken!)*

- **An Kunden**

  Nous vous prions de croire, ..., à l'assurance de nos sentiments dévoués.
  Veuillez agréer, ..., l'expression de mon sincère dévouement.

- **Für Fax- / E-Mail-Korrespondenz**

  Sentiments dévoués.
  Meilleures salutations. / Salutations distinguées.
  Salutations.

- **Sehr freundlich und für kurze Briefe**

  Sincères salutations.
  Veuillez croire en / à nos meilleurs sentiments.
  Salutations distinguées.
  Amicalement vôtre.
  Bien cordialement.
  Bien / Très sincèrement.

- **Weniger formell, privat**

  Soyez assuré/e de ma sincère amitié.
  Sincèrement à toi.
  (Avec) Toutes mes amitiés.
  Amicalement.
  Bien à vous.
  Avec mon amical souvenir.
  Je t'adresse mes amicales pensées.

- **Sehr privat**

  Affectueuses pensées. / Affectueusement.
  Je t'embrasse bien fort / de tout cœur.

Die Unterschrift

Die Unterschrift steht rechts nach der Grußformel.

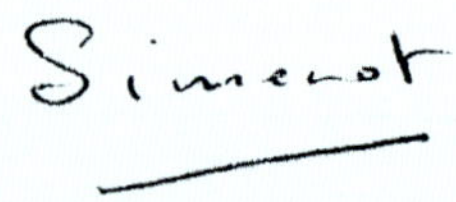

Jacques Simenot
Le Responsable de l'Accueil

Sylvie Leroux
Service des Ventes

Die Funktion des Unterzeichners wird entweder vor oder nach seinem Namen geschrieben. In Geschäftsbriefen ist es üblich, zuerst den Namen, dann die Funktion zu erwähnen, anders in der Verwaltungskorrespondenz, da hier die Funktion wichtiger als die Person ist.

- Für die deutsche Abkürzung i.A. (= im Auftrag) finden Sie:
  Pour, p.o. (= par ordre) oder **p.a. (= par autorisation)**.
- Per procura heißt: **p.p.** oder **p.pon. (= par procuration)**.

Kurzzeichen und Vermerke

Links unter dem Briefkopf sind oft folgende Angaben vorgedruckt:

- **Les références – *die Bezugszeichen***

  Votre réf. : / Vos réf. : / V/Réf. : *Ihr/Ihre Zeichen:*
  Notre réf. : / Nos réf. : / N/Réf. : *Unser/Unsere Zeichen:*

  z. B.: **V/Réf. : Votre lettre du 15 juin**
  N/Réf. : Numéro d'ordre 31

  Die Zeichen bestehen aber meistens wie im Deutschen aus den Initialen des Verfassers und der Person, die den Brief getippt hat.

- **L'objet – *der Betreff***

  Der Betreff ermöglicht dem Empfänger, den Inhalt des Briefes sofort zu erfassen, wobei im Deutschen die Abkürzung *Betr.* nicht mehr verwendet wird, sondern fett gedruckt über der Anrede platziert wird.
  Objet : annulation de commande – *Stornierung der Bestellung*

- **Les pièces jointes / Annexe(s) – *die Anlagen***

P.J. : chèque de 400 € *Anlagen: Scheck über 400 €*
contrat de location *Mietvertrag*

Diese Rubrik kann entweder nach dem Betreff oder am Ende des Briefes nach der Unterschrift stehen.
Wenn die Anlagen schon im Text erwähnt wurden, genügt es zu schreiben:
P.J. mentionnée(s) / Annexe(s) mentionnée(s) – *Anlage(n) wie oben.*

- **Le post-scriptum / P.S. – *das Postskriptum / P.S.***

Unten links kann das Postskriptum erscheinen. Es wird benutzt, um etwas hinzuzufügen oder um eine Besonderheit hervorzuheben.

Stil und Textgestaltung

- Zwei Briefgestaltungen sind möglich:
- die französische: Jeder Absatz beginnt mit einem Einzug. Zwischen den einzelnen Absätzen wird eine Leerzeile eingefügt.
- die amerikanische, die immer mehr bevorzugt wird: Alle Absätze fangen linksbündig an und sind durch eine Leerzeile voneinander getrennt.

- Das erste Wort des Briefes, also nach der Anrede, wird – im Gegensatz zum Deutschen – in der französischen Korrespondenz immer großgeschrieben.

- Merken Sie sich, dass ein guter Geschäftsbrief klar, logisch, präzise und kurz sein sollte. Ziehen Sie deshalb kurze Sätze (zwischen 8 und 16 Wörtern) und kurze Absätze (wenn möglich weniger als 6 Zeilen) vor.

Es empfiehlt sich, Ihren Brief nach einem bestimmten Schema zu gliedern:

1. Die Einleitung:
Sie beziehen sich auf die Vergangenheit: auf einen Brief, eine Rechnung, einen Auftrag etc.
Z. B.: **Nous avons bien enregistré votre commande du 14 courant et vous en remercions.**

2. Die Schilderung:
Sie dient dazu, den aktuellen Sachverhalt genau darzustellen.
Z. B: **Cependant, nous tenons à vous signaler que des incidents techniques ont perturbé notre planning de fabrication. Nous ne pouvons donc pas vous livrer à la date prévue.**

3. Die Schlussfolgerung des Sachverhaltes:
In diesem Absatz beschreiben Sie die aus dem Sachverhalt resultierende Konsequenz für die Zukunft.
Z. B.: **La livraison ne pourra avoir lieu que le... au lieu du...**

4. Der Briefschluss:
Im Briefschluss drücken Sie Ihr Anliegen, Ihre Haltung, Ihre Hoffnung oder Erwartung aus. Der Briefschluss ist wichtig, denn er unterstreicht den Ton Ihres Briefes.
Z. B.: **Nous vous remercions d'avance de votre compréhension.**

5. Die Grußformel:
Oft werden der Briefschluss und die Grußformel miteinander kombiniert.
Z. B.: **En vous remerciant de votre compréhension, nous vous adressons, Monsieur, nos salutations distinguées.**

- In einem Geschäftsbrief können Sie die Pronomen **je** oder **nous** benutzen. Natürlich sollten Sie in einem Brief bei dem gleichen Pronomen bleiben. Es ist aber oft besser, in der **Nous**-Form zu schreiben: So zeigen Sie, dass Sie ein Mitarbeiter der Firma sind und nicht deren Besitzer.
- Besonders bei Reklamationen oder Absagen verwenden Sie das Passiv oder unpersönliche Formen: **Il s'avère qu'une erreur s'est glissée dans votre facture...** ist viel höflicher als „Vous avez fait une erreur dans votre facture."
- Auch wenn sie manchmal notwendig sind (z. B. bei einer dritten Mahnung) – vermeiden Sie die Imperativformen, da sie sehr trocken klingen. Statt „N'oubliez pas de nous régler avant le..." schreiben Sie **Nous vous demandons de bien vouloir nous régler avant le...**
- Es ist eleganter, Fragen ohne „est-ce que" zu stellen. Benutzen Sie lieber die Inversion: **Vous serait-il possible de nous faire parvenir... ?**

Briefumschlag

- Auf dem Umschlag erscheinen Name und Adresse genau wie in der Anschrift. Soll ein Brief an eine Firma einer bestimmten Person zugeleitet werden, fügen Sie genau wie bei der Anschrift **A l'attention de** – *z. H.* nach dem Firmennamen hinzu.

Folgende besondere Hinweise können auf dem Umschlag in der oberen linken Ecke stehen:

Exprès / Par exprès	*Eilzustellung / Durch Eilboten*
Urgent	*Eilt*
Par avion	*(Mit) Luftpost*
Imprimé	*Drucksache*
Mailing	*Infopost*
Echantillon sans valeur commerciale	*Muster ohne Wert*
Contre remboursement	*Gegen Nachnahme*
Recommandé (avec avis de réception)	*Einschreiben (mit Rückschein)*
Envoi avec valeur déclarée	*Sendung mit Wertangabe*
Faire suivre, s.v.p.	*Bitte nachsenden*
A retourner en cas de non-livraison	*Wenn unzustellbar, zurück*
Personnel	*Persönlich*
(Strictement) confidentiel	*(Streng) vertraulich*
Poste restante	*Postlagernd*

1 Eine Reservierung vornehmen

Frau Fosset ist Leiterin der kaufmännischen Abteilung der Lederwarenfirma Bocuir. Sie wird Bocuir auf der Internationalen Lederwaren-Messe in Brüssel vertreten. Ihre Sekretärin, Frau Pivot, bereitet ihre Reise vor.

Ets BOCUIR & FILS
Maroquinerie

2, rue Thumesnil · 59000 Lille Cedex · Tél. : 03 38 37 02 25 · Fax : 03 38 47 12 26
info@etsbocuir.fr · www.etsbocuir.fr

Télécopie

A l'attention de :
Société : Hôtel Léopold
N° de télécopie : 0032 2 514 93 19
De la part de : Martine Pivot
Date : 02/02/20…
Objet : Réservation d'une chambre

1 ________________,

2 ________________ de bien vouloir 3 ________________ une chambre individuelle avec salle de bain et W.C., si possible très calme, 4 ________________ Madame Corine Fosset, directrice commerciale, 5 ________________ les nuits du 1er au 5 mars 6 ________________.

Par ailleurs, nous tenons à préciser que Madame Fosset 7 ________________ le matin d'une table de quatre personnes pour ses petits déjeuners d'affaires.

8 ________________ par fax ou par courriel.

9 ________________, nous vous remercions de votre réponse.

Veuillez agréer, Madame, Monsieur, 10 ________________.

Pour la directrice commerciale

M Pivot

Martine Pivot

Nombre de pages incluant celle-ci : 1
Si vous n'avez pas reçu la totalité de l'envoi, merci de nous téléphoner.

▶ Fax 1: Lösung auf Seite 157

Helfen Sie Frau Pivot, die Hotelreservierung vorzunehmen. Beachten Sie, dass sich in den Begriffsgruppen jeweils nur eine zutreffende Wendung befindet, mit deren Hilfe Sie den Lückenbrief vervollständigen können. Wählen Sie die richtige aus!

1. *Die Anrede:*
   Cher Monsieur
   Madame, Monsieur
   A l'Hôtel Léopold
2. *Eine Bitte äußern:*
   Nous vous prions
   Je vous demande
   Je voudrais
3. *Ein Zimmer „reservieren" heißt:*
   réserver
   commander
   garder
4. *„auf den Namen":*
   pour le nom de
   au nom de
   par le nom de
5. *Welche ist die passende Präposition?*
   pendant
   pour
   dans
6. *„einschließlich":*
   aussi
   inclus
   inclusif
7. *Frau Fosset „würde gern … zur Verfügung haben":*
   aimerait disposer
   voudrait avoir
   serait disposée
8. *Um eine Bestätigung bitten:*
   S'il vous plaît, confirmez
   Merci bien pour votre confirmation
   Nous attendons votre confirmation
9. *„im Voraus":*
   Par anticipation
   En avance
   D'avance
10. *Die Grußformel:*
   nos sentiments amicaux
   nos salutations distinguées
   notre grand dévouement

Textbausteine

Ein Zimmer suchen

Je voudrais / J'aimerais / Je souhaiterais réserver…	Ich möchte … reservieren.
Nous aimerions / souhaiterions faire une réservation.	Wir würden gern … reservieren / eine Reservierung vornehmen.
Je vous prie de bien vouloir me réserver une chambre.	Ich bitte Sie, mir ein Zimmer zu reservieren.
Je cherche un hôtel confortable / correct / un bon hôtel à proximité de l'aéroport.	Ich suche ein komfortables / geeignetes Hotel in Flughafennähe.

Reservieren, buchen, mieten

réserver une chambre simple / double au nom de...	ein Einzel- / Doppelzimmer auf den Namen ... reservieren
Nous désirons réserver une salle de réunion bien équipée.	Wir möchten einen gut ausgestatteten Tagungsraum reservieren.
Nous avons réservé une table pour trois personnes.	Wir haben einen Tisch für drei Personen reserviert.
Avez-vous réservé des places pour le théâtre ?	Haben Sie Plätze für das Theater reserviert?
Je voudrais...	Ich möchte ...
... retenir / réserver deux places sur le prochain vol pour New York.	... zwei Plätze für den nächsten Flug nach New York buchen.
... louer un appartement / une chambre / une voiture / un bateau / un vélo.	... eine Wohnung / ein Zimmer / ein Auto / ein Boot / ein Fahrrad mieten.

Einen Wunsch äußern

Il me faudrait / J'aurais besoin de...	Ich bräuchte ...
Nous aurons besoin de l'équipement suivant : un rétroprojecteur, un magnétoscope et un téléviseur.	Wir werden die folgende Ausstattung benötigen: einen Overhead-Projektor, einen Videorekorder und einen Fernseher.
Je serais intéressé/e par...	Ich wäre an ... interessiert.
Je vous serais reconnaissant/e de / Je vous saurais gré de...	Ich wäre Ihnen für ... dankbar.
Je vous serais reconnaissant/e si vous pouviez...	Ich wäre Ihnen dankbar, wenn Sie ... könnten.
Pourriez-vous me procurer... ?	Könnten Sie mir ... besorgen?
Nous aimerions disposer de...	Wir würden gerne ... zur Verfügung haben.
Y aurait-il la possibilité de disposer de... ?	Wäre es möglich, ... zur Verfügung zu bekommen?

Eine Dauer, einen Zeitraum angeben

pour la semaine du 13 au 20 avril inclus	für die Woche vom 13. bis 20. April einschließlich
pour le mois de mai	für (den gesamten) Mai
pour cinq semaines à partir du 20 juillet	für fünf Wochen, ab dem 20. Juli
pour ce week-end	für dieses Wochenende
pour le week-end prochain	für das nächste Wochenende
pour les vacances de Pâques / d'été	für die Oster- / Sommerferien
du 19 au 26 février	vom 19. bis 26. Februar
à compter du 2 mai / dès le 2 mai	ab dem / beginnend am 2. Mai

Ein Zimmer beschreiben

une chambre confortable face à / avec vue sur la mer	ein komfortables Zimmer mit Meerblick
une chambre donnant sur la cour / le jardin	ein Zimmer zum Hof / Garten hinaus
une chambre très lumineuse / ensoleillée	ein sehr helles Zimmer
une chambre...	ein Zimmer ...
orientée plein sud	nach Süden
climatisée	mit Klimaanlage
avec bain et W.C.	mit Bad und WC
avec douche et W.C.	mit Dusche und WC
avec téléphone et téléviseur	mit Telefon und Fernseher
avec un lit d'enfant	mit einem Kinderbett
avec un grand lit	mit französischem Bett
avec des lits jumeaux	mit zwei Betten

Um eine Bestätigung bitten

Je vous serais reconnaissant / e de bien vouloir (me) confirmer...	Ich wäre Ihnen dankbar, wenn Sie (mir) ... bestätigen könnten.
Veuillez confirmer...	Bitte bestätigen Sie ...
Merci de bien vouloir confirmer si...	Bitte bestätigen Sie, ob ...
Je vous saurais gré de confirmer cette réservation.	Ich wäre Ihnen dankbar, wenn Sie diese Reservierung bestätigen könnten.
Auriez-vous la gentillesse de confirmer / répondre...	Würden Sie freundlicherweise ... bestätigen / beantworten.
Nous attendons votre confirmation.	Wir erwarten Ihre Bestätigung.
Nous vous remercions d'avance de votre réponse.	Für Ihre Antwort danken wir Ihnen im Voraus.

Um eine rasche Antwort bitten

aussi vite que possible / au plus vite	so bald wie möglich
assez rapidement	ziemlich schnell
par retour du courrier	postwendend
dans les plus brefs délais	umgehend
la semaine prochaine au plus tard	spätestens nächste Woche

Nach dem Preis fragen

Je vous serais reconnaissant/e de bien vouloir me communiquer vos prix.	Ich wäre Ihnen dankbar, wenn Sie mir Ihre Preise mitteilen könnten.
J'aimerais connaître vos tarifs à la journée / à la semaine / au mois.	Bitte teilen Sie mir Ihre Tarife pro Tag / Woche / Monat mit.
Veuillez nous faire parvenir la liste de vos prix.	Bitte senden Sie uns Ihre Preisliste.
Nous vous remercions de bien vouloir nous préciser vos conditions pour cette réservation.	Wir danken Ihnen für die Mitteilung Ihrer Preise bezüglich dieser Reservierung.

Welche Mahlzeiten sind inbegriffen?

petit déjeuner compris	Frühstück inbegriffen
dîner compris	Abendessen inbegriffen
pension complète / demi-pension	Vollpension / Halbpension
chambre et petit déjeuner	Zimmer mit Frühstück

Falls kein Zimmer frei ist

Au cas où vous n'auriez plus de chambres...	Sollten Sie keine Zimmer (mehr) frei haben, ...
Si vous n'avez plus de chambres libres / disponibles...	Wenn Sie keine Zimmer (mehr) frei haben, ...
complet	belegt / ausgebucht

Anmerkungen

- Im Französischen kann man *reservieren* sowohl mit **réserver** als auch mit **retenir** ausdrücken: **réserver une chambre, une table, des places au théâtre**. Geläufiger ist jedoch **retenir** in den Wendungen **retenir une place sur un vol / pour un vol.**
- Wenn Ausdrücke wie **par ailleurs, d'avance** am Anfang eines Satzes stehen, folgt ihnen immer ein Komma. Wenn sie aber im Satz stehen, ist ein Komma nicht erforderlich:
  D'avance, nous vous remercions de votre réponse.
  Nous vous remercions d'avance de votre réponse.

Sie sind dran!

In diesem Abschnitt können Sie die neuen Begriffe und Wendungen üben. Fällt Ihnen keine passende Lösung ein, dann schlagen Sie hier wie in den folgenden Kapiteln noch einmal im jeweiligen Teil „Textbausteine“ und / oder im Anhang bei den Lösungsvorschlägen nach.
Achtung: Häufig sind mehrere Lösungen möglich, und eine Lücke kann für mehr als ein Wort stehen!

1 Vervollständigen Sie folgende Buchungsanfrage:

Je vous (1) ________________ de me (2) ________________ vos (3) ________________ en demi-pension et chambre simple avec (4) ________________ pour la période (5) ________________ 2 (6) ________________ 8 juillet.

(7) ________________ , je vous remercie de votre réponse.

2 Füllen Sie die Lücken in folgender Zeitungsannonce:

A LOUER :

Superbe villa en Normandie. Séjour / salon orienté (1) ________________ , cuisine bien (2) ________________ , 4 chambres toutes avec (3) ________________ jumeaux, grande terrasse, piscine. Location toute l'année.

M. Tirasse, 4, rue du Colonel Delorme, 93100 Montreuil

3 Beantworten Sie jetzt die Annonce:

Je serais intéressé par votre offre de location, parue dans « Le Normand » du 3 juin pour une période de trois semaines (1) ________________ du 6 avril.
Mais (2) ________________ , avant de me décider, connaître (3) ________________ à la semaine et savoir s'il y (4) ________________ la possibilité de (5) ________________ d'un garage.
Je (6) ________________ d'avance de votre réponse.

4 Auch in dieser Anfrage fehlen Begriffe:

Pour notre prochain congrès qui aura lieu du 5 au 8 novembre nous (1) ______________ réserver deux salles (2) ______________ bien (3) ______________ d'une capacité chacune de 50 à 60 personnes. C'est pourquoi nous vous serions reconnaissants (4) ______________ une documentation complète ainsi que (5) ______________ à la journée.

5 Schaffen Sie die Voraussetzungen für ein gelungenes Wochenende in London und vervollständigen Sie das Schreiben:

Je voudrais (1) ______________ pour ma femme et moi-même, deux places (2) ______________ vol pour Londres en première classe. Nous (3) ______________ partir le 14 et revenir le 17 juillet. Comme nous devons (4) ______________ une chambre d'hôtel, nous (5) ______________ de nous (6) ______________ cette réservation (7) ______________ du courrier.

▶ Lösung auf Seite 166

! Lerntipps

- Um Ihr Gedächtnis zu stützen, notieren Sie nun die Wörter und Ausdrücke, die Ihnen besonders wichtig erscheinen. Welche waren Ihnen neu?
- Auch wenn Sie nicht alles im Detail verstanden haben: Gehen Sie nach einiger Zeit zum nächsten Kapitel über, denn etwaige Unklarheiten lösen sich von selbst, wenn Sie etwas weiter sind.

2 Eine Reservierung bestätigen

Frau Pivot erhält vom Hotel die Bestätigung der Zimmerreservierung.

Hôtel Leopold

Avenue Louise 35 ∗ 1050 Bruxelles
Tél 02 511 28 18 ∗ Fax 02 514 93 19
www.hotel-leopold.be ∗ reservations@hotel-leopold.be

Télécopie

Société : Ets Bocuir & Fils	A l'attention de : Madame Pivot
Fax N° : 033 3 38 47 12 26	
N° de pages : 1	Date : 06/02/20...

(1) ______________ ,

(2) ______________ votre fax du 2 février et (3) ______________ .

(4) ______________ au nom de Madame Corine Fosset, du 1er au 5 mars inclus, une chambre individuelle avec salle de bain, W.C., téléphone et téléviseur,
(5) ______________ sur le jardin de l'hôtel, au prix de 185 € la nuit, petit déjeuner, taxes et service compris.

(6) ______________ de Madame Fosset une table de quatre personnes pour ses petits déjeuners d'affaires.

(7) ______________ un soin particulier à l'agrément et au confort de son séjour.

Veuillez agréer, Madame, l'expression de (8) ______________ .

Simenot

Le Responsable de l'Accueil
Jacques Simenot

1

▶ Fax 2: Lösung auf Seite 157

Rekonstruieren Sie den Antwortbrief des Hotels mit Hilfe folgender Elemente:

1. *Die Anrede:*
   Chère Madame
   Madame Pivot
   Madame
2. *Den Erhalt des Briefes bestätigen:*
   Nous avons bien reçu
   On a reçu
   Comme suite à
3. *Sich für den Brief bedanken:*
   vous disons merci
   Nous apporterons
   vous en remercions
4. *Welche Verbform ist richtig?*
   Nous sommes réservés
   Nous avons réservé
   Nous avions réservé
5. *Welches ist das passende Wort?*
   regardant
   donnant
   voyant
6. *„Wir werden zur Verfügung stellen":*
   Nous tiendrons à la disposition
   Nous pourrons disposer
   Nous aurons au service
7. *Welche Verbform ist richtig?*
   Nous apporterions
   Nous apporterons
   Nous allons apporter
8. *Die Grußformel:*
   nos sentiments dévoués
   nos cordiales salutations
   nos respectueux hommages

Absage einer Reservierung

Im Falle eines negativen Bescheids wird der erste Absatz, in dem auf die Anfrage Bezug genommen wird, wahrscheinlich identisch oder ähnlich sein.

Madame,

Nous avons bien reçu votre fax du 2 février et vous en remercions.

(1) __________ de devoir vous informer qu'en raison du Salon International du cuir notre hôtel sera (2) __________ pour les dates que vous nous indiquez.

(3) __________ de vous adresser à l'hôtel Soleil dont l'adresse est (4) __________ :
Hôtel Soleil, Koningsstraat 10, 1210 Bruxelles, tél. : 654.61.11, fax : 641.63.44, www.solotel.be.

Bien que cet hôtel, qui présente le même confort que le nôtre, soit situé dans un quartier un peu plus bruyant, (5) __________ Madame Fosset en sera très satisfaite.

Nous espérons (6) __________ d'accueillir les membres de votre société à une autre occasion.

Veuillez agréer, Madame, l'expression de nos sentiments dévoués.

1

▶ Fax 3: Lösung auf Seite 157

Vervollständigen Sie dieses Fax mit Hilfe folgender Begriffe:

1. *„Wir bedauern“:*
   Nous sommes tristes
   Nous avons le regret
   Nous sommes dans l'obligation

2. *„belegt“:*
   plein
   rempli
   complet

3. *Einen Vorschlag machen:*
   Nous vous suggérons
   Nous vous présentons
   Nous vous demandons

4. *Die Adresse ist „die folgende“:*
   celle-ci
   la suivante
   ce qui suit

5. *Sich einer Sache sicher sein:*
   nous sommes sûrs que
   c'est sans aucun doute que
   pas de doute que

6. *Wir hoffen, „das Vergnügen zu haben“:*
   avoir la grande joie
   avoir le plaisir
   avoir l'amusement

Textbausteine

Den Eingang eines Schreibens bestätigen

Nous avons bien reçu votre lettre du...	Wir haben Ihr Schreiben vom ... erhalten.
Nous vous remercions de votre courrier du... dans lequel vous nous demandez de...	Wir danken Ihnen für Ihr Schreiben vom ..., in dem Sie uns bitten, ... zu ...
En réponse à votre lettre / fax du...	In Beantwortung Ihres Briefes / Fax vom ...
Suite à votre demande / courrier du...	Bezüglich Ihrer Anfrage vom / Bezug nehmend auf Ihre Anfrage vom / Ihr Schreiben vom ...

Eine Reservierung bestätigen

Nous vous confirmons votre appel téléphonique de ce matin concernant la réservation de 2 places en classe affaires sur le vol Air France N°... du 17/11 pour Montréal.	Hiermit bestätigen wir Ihren Anruf von heute Morgen, in dem Sie uns baten, zwei Business-Class-Plätze für den Air-France-Flug Nr. ... am 17.11. nach Montreal zu buchen.
Vous trouverez ci-joint les billets et facture.	Flugtickets und Rechnung liegen bei.
Nous avons réservé la chambre que vous désirez pour la semaine du 5 au 12 janvier.	Wir haben das von Ihnen gewünschte Zimmer für die Woche vom 5. bis 12. Januar gebucht.
Suite à notre entretien téléphonique du... je vous confirme la réservation de deux chambres individuelles pour 4 nuits au nom de Monsieur Jourdan.	Bezug nehmend auf unser Telefongespräch vom ..., bestätige ich Ihnen die Reservierung von 2 Einzelzimmern für 4 Nächte auf den Namen Jourdan.

Nous avons le plaisir de vous confirmer la location d'un appartement du premier au trente juin inclus. Vous trouverez ci-joint un itinéraire détaillé pour vous rendre au complexe hôtelier.	Wir freuen uns, Ihre Reservierung einer (Ferien-) Wohnung vom 1. bis 30. Juni bestätigen zu können. Wir fügen eine detaillierte Wegbeschreibung zu unserer Ferienanlage bei.
Nous confirmons que nous tiendrons à votre disposition...	Wir bestätigen, dass wir Ihnen ... zur Verfügung stellen werden.
Nous confirmons la disponibilité d'un break pour la période du 4 au 20 août. Vous trouverez ci-joint nos tarifs actuels et les conditions de réservation.	Hiermit bestätigen wir, dass für die Zeit vom 4. bis 20. August ein Kombiwagen verfügbar ist. Beiliegend finden Sie unsere aktuellen Tarife und Mietbedingungen.

Eine Reservierung ablehnen

Nous avons le regret de vous informer que nous sommes complets pendant tout le mois de mai.	Wir bedauern, Ihnen mitteilen zu müssen, dass wir den gesamten Monat Mai ausgebucht sind.
Malheureusement nous n'avons plus de places pour la représentation de...	Leider gibt es für die Aufführung von ... keine Karten mehr.
Nous regrettons de vous communiquer que nous n'avons plus de places pour le voyage à Amsterdam du week-end prochain.	Leider sind für die Reise nach Amsterdam am kommenden Wochenende keine Plätze mehr frei.
Nous sommes dans l'obligation de vous informer que nous n'avons plus de voitures décapotables disponibles pour la période du 4 au 10 juillet.	Leider sehen wir uns gezwungen, Ihnen mitzuteilen, dass wir für die Zeit vom 4. bis 10. Juli keine Cabrios mehr zur Verfügung haben.

Eine Alternative vorschlagen

Je vous suggère de contacter l'hôtel Le Parc (voir adresse ci-dessous) qui pourrait répondre à votre demande pour la période souhaitée.	Ich schlage Ihnen vor, sich an das Hotel Le Parc zu wenden (Adresse s.u.), das Ihnen vielleicht für die gewünschte Zeit eine adäquate Unterkunft anbieten kann.
Cependant, nous pourrions vous offrir 5 places pour la matinée de samedi.	Wir könnten Ihnen jedoch 5 Plätze für die Nachmittagsvorstellung am Samstag anbieten.
Je vous conseille à l'avenir de réserver au moins un mois à l'avance, car cette excursion est très demandée.	Ich rate Ihnen, künftig mindestens einen Monat im Voraus zu buchen, da dieser Ausflug sehr beliebt ist.
Nous vous suggérons de vous adresser à / de contacter une autre agence de la région qui devrait pouvoir vous aider.	Wir schlagen Ihnen vor, sich an eine andere Agentur in der Gegend zu wenden, die Ihnen möglicherweise weiterhelfen kann.

Anmerkungen

- Wenn Sie in einem Satz zweimal dasselbe Subjekt haben, reicht es vollkommen, wenn Sie es nur einmal nennen:
  Nous avons bien reçu votre lettre et (nous) vous en remercions.
- Wie Sie schon wissen, sind die französischen Grußformeln im Vergleich zu den deutschen sehr schwülstig. Aber sie gehören nun mal zu den Regeln der Höflichkeit, auf die gerade in der geschäftlichen Korrespondenz besonderer Wert gelegt werden sollte.
  Die Grußformel **Veuillez agréer / recevoir, Monsieur / Madame, l'expression de mes / nos sentiments (très / les plus) dévoués** wird beispielsweise von einem Hotel oder einer Firma in den Briefen an die Kunden verwendet.
- Merken Sie sich, dass die Verbform der Zukunft in Geschäftsbriefen fast immer die „einfache Form" ist. Also schreiben Sie nicht „Nous allons tenir à votre disposition..." sondern lieber **Nous tiendrons à votre disposition...**
- Merken Sie sich die Rechtschreibung des Verbs **accueillir**.
- Vergessen Sie nicht: *am 1. Januar* – **le premier janvier**
  am 2. Januar – **le deux janvier**
  am 3. Januar – **le trois janvier** etc.
- Beachten Sie, dass einige Konjunktionen den **Subjonctif** – *Konjunktiv* auslösen, z. B. **bien que** und **quoique**: **Bien que l'hôtel soit situé...**

Sie sind dran!

1 Vervollständigen Sie die Absage der Mietwagenfirma.

Nous (1) ________________ de vous informer que nous n'avons plus de voitures (2) ________________ pendant la (3) ________________ souhaitée.
Nous vous (4) ________________ de vous (5) ________________ au centre automobile de Versailles qui (6) ________________ à votre demande.

2 Auch in der Reservierungsbestätigung für eine Ferienwohnung fehlen Begriffe!

Suite à notre (1) ________________ de ce matin, je vous (2) ________________ la réservation d'un appartement pour deux adultes et un enfant du premier au quinze avril compris. Ci-joint, vous (3) ________________ un chèque de 110 € à titre d'arrhes .

3 Ergänzen Sie folgende Reservierungsbestätigung!

Nous vous (1) ______________ de votre courrier du 28 septembre et vous confirmons (2) ______________ de deux chambres doubles à 58 € par jour et par personne, petit déjeuner compris. (3) ______________, vous (4) ______________ un plan détaillé pour vous rendre à notre hôtel.

▶ Lösung auf Seite 166

Lerntipps

- Lernen erfordert viel Ausdauer und Geduld mit sich selbst. Sie werden neue Wörter und Ausdrücke behalten, wenn Sie sie oft lesen, sprechen und schreiben.

3 Einen Termin vereinbaren

Frau Fosset möchte einen Termin mit einem der wichtigsten Kunden von Bocuir, Herrn Fels aus München, den sie seit vielen Jahren kennt, festlegen. Bei ihrem letzten Telefongespräch hatte sie erwähnt, dass sie wahrscheinlich nach Brüssel fahren wird.

De : c.fosset@etsbocuir.fr
Envoyé : mardi 10 février 20…
A : post@rainerfels.org
Objet : Rendez-vous

(1) ________________ ,

(2) ________________ notre entretien téléphonique de la semaine dernière, j'ai le plaisir de vous confirmer que je participerai au Salon International du cuir à Bruxelles.

Comme vous aussi, (3) ________________ de vous y rendre, ce sera sans doute l'occasion de nous revoir.

(4) ________________ il est assez difficile au salon de discuter affaires sans être dérangé,
(5) ________________ une rencontre au restaurant de l'hôtel Léopold mercredi le 3 mars à 20 heures.
(6) ________________ parler de nos nouveaux modèles et de leur distribution.

(7) ________________ ce soir-là, (8) ________________ me le faire savoir
(9) ________________ et de me fixer un autre rendez-vous.

D'avance, je vous remercie de votre réponse.

(10) ________________ .

Corine Fosset

Directrice Commerciale, Ets Bocuir & Fils
2, rue Thumesnil
59000 Lille Cedex
France

Tel +33 (0)3 38 37 02 29
Fax +33 (0)3 38 47 12 26
Email: c.fosset@etsbocuir.fr

2

▶ E-Mail 4: Lösung auf Seite 157

Helfen Sie Frau Fosset, einen Geschäftstermin zu vereinbaren:

1 *Die Anrede:*
Cher Rainer
Monsieur
Cher Monsieur

2 *Sich auf ein vorausgegangenes Telefongespräch beziehen:*
Comme annoncé
Suite à
Conformément

3 *Auf ein Vorhaben hinweisen:*
vous avez la volonté
vous avez l'intention
vous désirez

4 *„Da":*
Etant donné qu'
Vu qu'
Etant admis qu'

5 *Einen Vorschlag machen:*
je vous propose
je vous offre
je vous dépose

6 *„So könnten wir":*
Nous pouvons de cette façon
Nous pourrions ainsi
Nous saurions ainsi

7 *Eine negative Vermutung äußern:*
Au cas où vous ne seriez pas disponible
Si jamais vous n'étiez pas là
Dites-moi si vous êtes là

8 *Um eine Bestätigung bitten:*
essayez, s'il vous plaît, de
écrivez-moi pour
je vous serais reconnaissante de bien vouloir

9 *Um eine rasche Antwort bitten:*
sans attendre
tout de suite
le plus rapidement possible

10 *Die Grußformel:*
Amitiés
Bien cordialement
Recevez mes salutations distinguées

Textbausteine

Sich auf einen vorausgegangenen Brief beziehen

Comme annoncé dans mon courrier du...	Wie in meinem Brief vom ... erwähnt, ...
En référence à ma lettre du...	Bezüglich meines Briefes vom ...
Comme suite à notre courrier du...	Wir beziehen uns auf unser Schreiben vom ...
En me référant à votre lettre du...	Bezug nehmend auf Ihren Brief vom ...
Nous confirmons votre lettre du...	Wir bestätigen Ihren Brief vom ...
Nous accusons réception de votre lettre du...	Wir bestätigen den Eingang Ihres Briefes vom ...

Ein Vorhaben ankündigen

Je dois...	Ich habe vor ...
Je devrais...	Ich werde aller Voraussicht nach ...
Je serai à...	Ich werde in ... sein.
J'envisage de...	Ich plane, zu ...
Il est probable que je...	Wahrscheinlich werde ich ...
J'espère...	Ich hoffe, ... zu ...
J'ai l'intention de...	Ich habe vor/Ich habe die Absicht, ... zu ...
Je vous propose de...	Ich schlage Ihnen vor, ... zu ...
Nous avons décidé de...	Wir haben beschlossen, ... zu ...
Je compte partir pour... le...	Ich gedenke, am ... nach ... zu fahren.

Auf etwas aufmerksam machen

Vous apprendrez avec intérêt que...	Es wird Sie sicherlich interessieren, dass ...
Vous savez certainement que...	Sie wissen, dass .../Sicherlich wissen Sie, dass ...
Vous n'ignorez pas que...	Es wird Ihnen nicht entgangen sein, dass ...
Vous avez dû remarquer que...	Sie werden bemerkt haben, dass ...
Nous sommes heureux/Nous avons le plaisir de vous annoncer/de vous informer que...	Wir freuen uns, Ihnen mitteilen zu können, dass ...
Je me permets d'attirer votre attention sur...	Ich erlaube mir, Sie auf ... aufmerksam zu machen.

Einen Termin vorschlagen

Je vous propose une rencontre/que nous nous rencontrions le...	Ich schlage Ihnen vor, dass wir uns am ... treffen.
Nous pourrions prendre/fixer rendez-vous pour le...	Wir könnten uns für den ... verabreden.

Einen Zeitpunkt angeben

la semaine prochaine	nächste Woche
le mois prochain	nächsten Monat
dans les prochains jours	in den kommenden Tagen
vers le 2 ou 3...	um den 2. oder 3. ...
vers les 3 heures	gegen 3 Uhr
durant la semaine du 8 au 14	während der Woche vom 8. bis 14.
le matin / l'après-midi / le soir	vormittags / nachmittags / abends
à 10 heures du matin	um 10 Uhr vormittags

Terminschwierigkeiten vermuten

Dans le cas où vous ne seriez pas disponible...	Sollten Sie zu diesem Zeitpunkt verhindert sein, ...
Au cas où cela ne vous conviendrait pas...	Sollte es Ihnen nicht möglich sein, ...
Si cela ne vous convenait pas...	Falls es Ihnen nicht möglich sein sollte, ...
Si cela ne concordait pas avec votre programme / votre planning...	Wenn es nicht in Ihren Zeitplan passen sollte, ...

Seine Bereitschaft zeigen

Je serais enchanté/e / ravi/e de...	Ich wäre erfreut, ... zu ...
Nous serions très heureux de...	Wir würden uns sehr freuen, ... zu ...
C'est avec plaisir que nous...	Gern ... wir ...
J'ai le plaisir de...	Ich ... gerne ...

Kontakte pflegen

N'hésitez pas à nous contacter pour toute information complémentaire.	Sollten Sie weitere Informationen benötigen, zögern Sie nicht, sich an uns zu wenden.
Nous restons à votre entière disposition pour de plus amples renseignements.	Für weitere Auskünfte stehen wir Ihnen jederzeit gern zur Verfügung.
Nous espérons recevoir bientôt de vos nouvelles.	Wir hoffen, bald wieder von Ihnen zu hören.
Espérant vous lire bientôt / très prochainement...	In der Hoffnung, bald wieder von Ihnen zu hören, ...

Anmerkungen

- Verwechseln Sie nicht **le matin** – *morgens* und **ce matin** – *heute Morgen*.
  Und es heißt **à Paris**, aber **en France**.
- Sie können schreiben:
  rester à la disposition de quelqu'un oder
  se tenir à la disposition de quelqu'un oder auch
  être à la disposition de quelqu'un.
- Merken Sie sich, dass der **Subjonctif** nach Wendungen und Verben steht, die einen Vorschlag oder eine Vermutung ausdrücken, z. B. **suggérer**, **proposer**, **il se peut que**, **il est probable que**...
- Die deutsche Konjunktion *da* kann im Sinne von *als* einen Zeitraum angeben und wird im Französischen mit **comme**, **lorsque**, **quand** wiedergegeben. Wenn sie aber einen Grund ausdrückt, wird sie mit **comme**, **étant donné que**, **parce que** übersetzt:
  Comme je téléphonais à M. Feld, elle m'a apporté le courrier.
  Comme je serai absent le 8 mai, je ne pourrai pas participer à la réunion.
- In Sätzen, die eine Bitte ausdrücken, werden Sie oft den Einschub **bien vouloir** finden. Er ist zwar nicht notwendig, zeigt aber, dass Sie besonders höflich sind:
  Je vous serais reconnaissant/e de bien vouloir me confirmer...

Sie sind dran!

1 Füllen Sie die Lücken in folgendem Terminvorschlag.

(1) ________________ dans mon e-mail du 12 avril, je (2) ________________ à Lyon la semaine prochaine. J'aimerais profiter de ce voyage pour vous présenter notre nouveau catalogue. Nous (3) ________________ rendez-vous (4) ________________ 2 mai à 10 heures. Dans le cas où (5) ________________ ce jour là, je (6) ________________ de bien vouloir me (7) ________________ une autre date.

2 Wie muss es in dieser Anfrage korrekt heißen?

Comme je (1) ________________ en Bourgogne (2) ________________ la semaine du 10 au 17 mars, je serais (3) ________________ de pouvoir visiter votre usine (4) ________________ Dijon. Je vous propose que nous (5) ________________ le 13 juin à 14 heures dans votre bureau. Au cas où cette date (6) ________________ je vous (7) ________________ gré (8) ________________ me le faire savoir le (9) ________________.

3 Ordnen Sie die folgenden Sätze und Satzteile, um den Brief wiederherzustellen!

1. Je vous prie de croire à mes sentiments les meilleurs.
2. auriez-vous l'obligeance de me le faire savoir ?
3. vers les 15 heures dans votre bureau.
4. Comme je vous l'écrivais dans ma lettre du 18 octobre,
5. Nous pourrions nous rencontrer l'après-midi,
6. Dans le cas où vous ne seriez pas disponible
7. je me rendrai à Rouen lundi prochain.
8. D'avance, je vous en remercie.

4 Sie möchten demnächst nach Madrid fliegen. Informieren Sie Ihren Geschäftsfreund, Herrn Delvasco, über Ihre bevorstehende Reise. Teilen Sie ihm mit, dass Sie ihn gern am Montag, dem 8. März, um 20 Uhr im Foyer des Hotels Mercor treffen würden.

▶ Lösung auf Seite 166

4 Einen Termin bestätigen

Einen Terminvorschlag annehmen

Herr Fels, mit dem sich Frau Fosset während ihres Aufenthaltes in Brüssel treffen möchte, kann den Termin wahrnehmen.

De : post@rainerfels.org
Envoyé : dimanche 15 février 20…
A : c.fosset@etsbocuir.fr
Objet : Confirmation

Chère Madame,

(1) ________________ de votre e-mail du 10 février à laquelle je m'empresse de répondre. (2) ________________ que (3) ________________ mercredi le 3 mars au soir. C'est donc avec plaisir que (4) ________________ de dîner ensemble à 20 heures au restaurant de l'hôtel Léopold où il sera, (5) ________________ , plus aisé de parler affaires.

J'ai par ailleurs quelques idées à vous soumettre en ce qui concerne le marketing par téléphone.

Je suis sûr que la présentation de vos modèles au salon de Bruxelles (6) ________________ un vif succès (7) ________________ du public.

Cordialement.

Rainer Fels

2

▶ E-Mail 5: Lösung auf Seite 158

Rekonstruieren Sie Herrn Fels' Zusage mit folgenden Wendungen:

1 *Sich bedanken:*
Je suis reconnaissant
Je vous remercie
Merci bien

2 *Bestätigen:*
Je voudrais vous informer
Je tiens à vous confirmer
Je peux affirmer

3 *Zur Verfügung stehen:*
je serai à votre service
je serai prêt
je serai disponible

4 *„ich nehme Ihren Vorschlag an":*
j'accepte votre proposition
je suis d'accord avec votre suggestion
j'accepte votre recommandation

5 *„in der Tat":*
en réalité
en effet
sur le fait

6 *Welche Verbform ist richtig?*
rencontrât
rencontrerait
rencontrera

7 *Welche Präposition ist richtig?*
auprès
chez
près

Einen Termin verschieben

Herr Fels kommt später in Brüssel an als geplant. Er versucht, seinen Termin mit Frau Fosset zu verschieben.

Chère Madame,

J'ai bien reçu votre e-mail (1) ________________ et vous en remercie.

(2) ________________ de devoir vous informer que je ne serai pas disponible mercredi le 3 mars au soir. En effet, je n' (3) ________________ à Bruxelles que le 4 mars au matin.

(4) ________________ à ce que (5) ________________ le rendez-vous au lendemain ? (6) ________________ cela vous sera possible et ne perturbera pas trop votre emploi du temps.

Je vous remercie d'avance de votre réponse.

Cordialement.

Rainer Fels

2

▶ E-Mail 6: Lösung auf Seite 158

Wie würde Herr Fels das Schreiben formulieren?

1 *„vom 10. dieses Monats“:*
du 10 courant
au 10 du mois
au 10 de ce mois

2 *Bedauern ausdrücken:*
Excusez-moi
Je suis très triste
Je regrette beaucoup

3 *Welche Verbform ist richtig?*
arriverais
arriverai
arrivais

4 *„Hätten sie etwas dagegen einzuwenden?“*
Avez-vous une objection
Voyez-vous un désagrément
Verriez-vous un inconvénient

5 *Einen Termin verschieben:*
nous différions
nous ajournons
nous reportions

6 *Eine Hoffnung ausdrücken:*
J'espère que
Mon espoir est que
J'ai bon espoir que

Textbausteine

Einen Termin bestätigen

Je tiens à vous confirmer que...	Hiermit möchte ich Ihnen bestätigen, dass ...
C'est avec plaisir que j'accepte votre invitation.	Gerne nehme ich Ihre Einladung an.
Je vous confirme notre rendez-vous du...	Ich bestätige Ihnen unseren Termin vom ...
Je vous confirme que je serai disponible le...	Ich bestätige Ihnen, dass ich Ihnen am ... zur Verfügung stehe.

Einen Termin verschieben

Je regrette beaucoup de devoir vous informer que...	Ich bedauere sehr, Ihnen mitteilen zu müssen, dass ...
Je ne serai pas disponible ce jour là.	An dem (fraglichen) Tag habe ich leider keine Zeit.
Je propose / suggère que nous remettions / reportions le rendez-vous à la semaine suivante.	Ich schlage vor, das Treffen auf die darauf folgende Woche zu verlegen.
Je suis malheureusement obligé/e de reporter la date de notre rendez-vous en raison d'un voyage d'affaires / d'un problème avec...	Leider bin ich wegen einer Geschäftsreise / eines Problems mit ... gezwungen, den Termin unseres Treffens zu verlegen.
Malheureusement je serai à l'étranger pendant deux semaines ; c'est pourquoi je propose de vous contacter dès mon retour pour fixer un nouveau rendez-vous.	Leider werde ich für zwei Wochen außer Landes sein und möchte deshalb vorschlagen, dass ich mich nach meiner Rückkehr wegen eines neuen Termins mit Ihnen in Verbindung setze.
Je vous serais reconnaissant/e de bien vouloir ajourner notre rendez-vous.	Ich wäre Ihnen dankbar, unser Treffen zu verschieben.

Verriez-vous un inconvénient à ce que nous reportions / déplacions le rendez-vous à 16 heures du même après-midi ?	Hätten Sie etwas dagegen, dass wir das Treffen auf 16 Uhr am selben Nachmittag verlegen?
Veuillez m'excuser de ce contre-temps.	Für etwaige Unannehmlichkeiten möchte ich mich entschuldigen.
J'espère que cela ne perturbera pas votre emploi du temps.	Ich hoffe, dies wird Ihren Terminplan nicht allzu sehr durcheinanderbringen.

Einen Termin absagen

A mon grand regret, je suis obligé/e d'annuler notre prochaine rencontre en raison d'un problème survenu à notre bureau de Potsdam.	Zu meinem (größten) Bedauern bin ich gezwungen, unser nächstes Treffen abzusagen, da in unserem Potsdamer Büro ein Problem aufgetreten ist.
Je regrette de ne pas pouvoir me rendre à notre rendez-vous du mardi 4 mai en raison de...	Leider kann ich wegen ... nicht den Termin einhalten, den wir für Dienstag, den 4. Mai vereinbart haben.
Je vous prie de m'excuser pour le désagrément que cela vous causera.	Ich bitte Sie, die Ihnen hierdurch entstehenden Unannehmlichkeiten zu entschuldigen.

Anmerkungen

- Wenn Sie sich auf einen vorausgegangenen Brief beziehen, der im selben Monat geschickt wurde, können Sie Folgendes schreiben:
  J'ai bien reçu votre lettre du 5 courant / dernier...
- Eine Begründung muss nicht immer mit **parce que** formuliert werden; einfacher ist es oft, **en raison de / à cause de** + Substantiv zu benutzen:
  En raison d'une réunion de travail... – *Wegen einer Arbeitssitzung ...*
  A cause d'un voyage d'affaires... – *Wegen einer Geschäftsreise ...*
- Eine Begründung kann auch mit **en effet** eingeführt werden:
  En effet, je n'arriverai que le 4 mars.
  Aber **en effet** bedeutet auch *in der Tat:*
  Il sera, en effet, plus aisé de parler affaires.
- Vergessen Sie nicht die Präposition **à** in dem Ausdruck **répondre à une lettre** – *einen Brief beantworten.*
- Merken Sie sich, dass die Ausdrücke **je suis sûr/e que, je suis certain/e que** nur dann den **Subjonctif** nach sich ziehen, wenn sie verneint werden:
  Je suis sûr/e que vous rencontrerez un vif succès.
  Je ne suis pas sûr/e que cette offre soit avantageuse.
- Wollen Sie sehr höflich eine Frage stellen oder um etwas bitten, verwenden Sie den Konditional: **Verriez-vous un inconvénient à ce que..., Pourriez-vous nous adresser..., Auriez-vous la gentillesse de...**

- Das Verb **remercier** wird entweder von der Präposition **de** oder **pour** gefolgt. Im Allgemeinen wird aber **de** benutzt:
  Nous vous remercions de votre attention...

Sie sind dran!

1 Terminbestätigung

J'ai bien (1) ________________ votre lettre du 6 (2) ________________ et vous en remercie. Je tiens à (3) ________________ notre rendez-vous du 20 mai à 9 heures dans notre entreprise (salle de réunion N° 10, premier étage).

2 Terminabsage

Je vous (1) ________________ votre lettre du 12 courant. A mon (2) ________________ , je dois (3) ________________ notre prochaine réunion, (4) ________________ d'un très grave problème (5) ________________ dans notre filiale à Liège.

3 Bitte um Terminverschiebung

Malheureusement je ne serai pas (1) ________________ à la date que vous proposez. (2) ________________ un inconvénient à ce que nous (3) ________________ le rendez-vous à une date ultérieure à savoir le 30 octobre à 10 heures ? Je vous (4) ________________ de ce contretemps.

▶ Lösung auf Seite 166

Lerntipps

- Wenn Sie Fortschritte machen wollen, ist regelmäßiges Training wichtig. Nehmen Sie sich dabei aber nicht zu viel vor. Lieber häufig und kurz üben, d. h. lieber 15 Minuten pro Tag als 3 Stunden auf einmal pro Woche!
- Bei den Textbausteinen werden Sie feststellen, dass einige Wendungen sich nicht Wort für Wort übersetzen lassen. Jede Sprache hat ihre Besonderheiten. Nehmen Sie sie einfach, wie sie ist!

5 Informationen einholen

Herr Osborn besitzt in Hereford ein großes Lederwarengeschäft. Er möchte sein Programm erweitern und wendet sich an die Firma Bocuir, um Unterlagen von deren Produkten anzufordern.

THELEATHERSHOP

Roger Osborn

22 Brockington Road I Hereford HRI 18B
Tel. : +44 (1432) 273712 I Fax: +44 (1432) 737121
e-mail: osborn@leather.com

Ets Bocuir & Fils
Service des Ventes
2, rue Thumesnil
59000 Lille Cedex

Hereford, le 20 février 20…

(1) ________________ ,

Votre publicité, parue dans « Le Monde » du 18 février, (2) ________________ .
Je souhaiterais donc (3) ________________ concernant vos modèles.

(4) ________________ de diversifier davantage la gamme de nos produits, (5) ________________ actuellement de nouveaux fournisseurs. C'est pourquoi je vous serais reconnaissant de me faire parvenir votre catalogue (6) ________________ les prix en vigueur et les conditions de livraison.

(7) ________________ livrer à des prix concurrentiels, (8) ________________ à vous passer très prochainement une commande d'essai.

(9) ________________ d'une prompte réponse de votre part, je vous prie de croire, Messieurs, à l'expression de (10) ________________ .

R. Osborn

Roger Osborn
Le Gérant

▶ Brief 7: Lösung auf Seite 158

Rekonstruieren Sie Herrn Osborns Brief mit Hilfe nachstehender Ausdrücke:

1 *Die Anrede:*
Cher Monsieur
Messieurs
Madame

2 *Interesse zeigen:*
m'a tout à fait conquis
m'a vivement intéressé
m'a absolument ravi

3 *Weitere Informationen anfordern:*
recevoir de plus amples informations
avoir des détails supplémentaires
obtenir des renseignements détaillés

4 *Welche Verbform ist richtig?*
Ayant eu l'intention
En ayant l'intention
Ayant l'intention

5 *„ich suche nach":*
je recherche
je retrouve
je cherche

6 *„sowie":*
et
et en plus
ainsi que

7 *„Wenn Sie in der Lage sind":*
Si vous pouvez
Si vous êtes en position de
Si vous êtes en mesure de

8 *„ich werde bereit sein":*
je disposerai
je serai disposé
je me disposerai

9 *„In Erwartung":*
Dans l'attente
Merci
Veuillez donner

10 *Grußformel:*
mes sentiments distingués
mes salutations cordiales
mes hommages

Textbausteine

Auf erste Kontakte oder Werbeanzeigen Bezug nehmen

J'ai récemment visité votre stand à la foire de...	Kürzlich besuchte ich Ihren Stand auf der ... Messe ...
Après avoir visité...	Nachdem ich ... besucht habe, ...
Ayant récemment visité vos salles d'exposition...	Als ich vor kurzem Ihre Ausstellungsräume besuchte, ...
Ayant récemment assisté à une réunion...	Als ich kürzlich an einer Sitzung teilnahm, ...
Votre annonce / offre a retenu notre attention.	Ihre Anzeige / Ihr Angebot hat unsere Aufmerksamkeit erregt.
Votre publicité, parue dans « L'Express » du 18 juin, m'a vivement intéressé/e.	Ihre Anzeige in „L'Express" vom 18. Juni hat mich besonders interessiert.
Nous devons votre adresse à M. Dupont.	Ihre Adresse verdanken wir Herrn Dupont.
Mme Lebeau m'a donné votre nom.	Frau Lebeau nannte mir Ihren Namen.

Interesse an etwas äußern

J'ai été très impressionné/e par...	Ich war sehr beeindruckt von ...
C'est avec grand intérêt que j'ai vu / entendu dire / appris que...	Es interessierte mich sehr zu sehen / hören / erfahren, dass ...
Nous nous intéressons beaucoup / particulièrement à...	Wir sind sehr / besonders an ... interessiert.
Etant donné mon intérêt pour...	Da ich mich für ... interessiere, ...
Nous recherchons des fournisseurs potentiels de...	Wir suchen nach potenziellen Lieferanten für ...
Pourriez-vous me dire si... ?	Könnten Sie mir sagen, ob ...?
Je souhaiterais savoir si...	Ich möchte wissen, ob ...
J'aimerais savoir si... ou si...	Ich wüsste gern, ob ... oder ...

Einen potenziellen Markt aufzeigen

Il y a de bonnes perspectives pour ce produit.	Dieses Produkt hat gute Marktchancen.
Le marché pour... est prometteur.	Für ... existiert ein vielversprechender Markt.
Il y a un marché potentiel pour...	Der Markt für ... ist sehr entwicklungsfähig.
Il existe une forte demande en...	Es herrscht eine starke Nachfrage nach ...
Il y a une demande croissante pour...	Es herrscht eine wachsende Nachfrage nach ...
Les ventes sont excellentes dans ce domaine.	Auf diesem Gebiet sind hervorragende Verkaufszahlen zu verzeichnen.
De plus en plus de nos clients fidèles s'intéressent à ce type de produits.	Eine ständig wachsende Zahl unserer Stammkunden zeigt Interesse an diesem Produkt(typ).
Notre groupe est actuellement en pleine expansion.	Unser Konzern expandiert zur Zeit.
Il s'avère que nous avons besoin d'élargir notre domaine d'intervention.	Es zeigt sich, dass wir unser Verkaufsgebiet ausdehnen müssen.
Nous avons l'intention d'étendre nos activités / de diversifier la gamme de nos produits.	Wir haben die Absicht, unsere Aktivitäten auszudehnen / unsere Produktpalette zu erweitern.

Unterlagen, Informationen anfordern

Pourriez-vous nous envoyer sans engagement de notre part...	Könnten Sie uns bitte unverbindlich ... schicken.
Merci de bien vouloir nous envoyer...	Würden Sie uns freundlicherweise ... schicken.
Nous vous prions de nous adresser / transmettre votre dernier / nouveau catalogue.	Wir bitten Sie, uns Ihren neuen Katalog zuzusenden.
Nous souhaiterions recevoir de plus amples renseignements concernant...	Wir würden gern weitere Auskünfte über ... erhalten.

Nous aimerions...	Wir hätten gern ...
un dépliant sur...	einen Prospekt über ...
des informations sur...	Informationen über ...
un devis pour...	einen Kostenvoranschlag über ...
de la documentation sur...	Unterlagen über ...
des précisions sur...	weitere Informationen über ...
des échantillons de...	Muster / Proben von ...

Den Inhalt der Unterlagen angeben

un catalogue détaillé	ein detaillierter Katalog
une brochure	eine Broschüre
avec les tarifs	mit Preisen
comprenant des illustrations et des échantillons	mit Abbildungen und Mustern
présentant les tarifs et les coloris	mit Preisen und Farbskalen
une estimation	eine Schätzung
une liste des prix	eine Preisliste

Fracht- und Versicherungskosten erfragen

Veuillez nous indiquer...	Bitte nennen Sie uns ...
... le montant du fret en vigueur pour le transport par avion / bateau / train / route.	... den derzeit geltenden Beförderungspreis für Luftfracht / Seefracht / Bahnfracht / Straßentransport.
... vos prix de fret aérien les plus intéressants pour l'envoi de... de Paris à Berlin.	... Ihre günstigsten Luftfrachtkosten für ... von Paris nach Berlin.
... le montant des frais d'expédition et d'assurance pour un chargement de livres mesurant 2 x 1 m et pesant 200 kg.	... die Kosten für Transport und Versicherung einer Büchersendung mit den Maßen 2 x 1 m und einem Gewicht von 200 kg.

Zusätzlich um etwas bitten

D'autre part, nous aimerions...	Darüber hinaus hätten wir gern ...
Par ailleurs, nous souhaiterions...	Zusätzlich hätten wir gern ...
Nous voudrions aussi...	Wir hätten außerdem gern ...
Nous souhaitons non seulement des ordinateurs mais aussi des logiciels.	Wir wünschen nicht nur Computer, sondern auch Software.
de même qu'un catalogue	sowie einen Katalog
ainsi que...	sowie / zusammen mit ...
en plus de...	zusätzlich zu ...

Leistungen erfragen

Je voudrais savoir si votre société pourrait…	Ich wüsste gern, ob Ihre Firma … könnte.
Serait-il possible pour votre maison de… ?	Wäre es Ihrer Firma möglich …?
Votre entreprise serait-elle en mesure de… ?	Könnte Ihre Firma / Wäre Ihre Firma in der Lage …?

Anforderungen entsprechen

satisfaire à cette demande	diesen Anforderungen entsprechen
satisfaire à ces exigences	diese Anforderungen erfüllen
pourvoir à mes besoins	meine Bedürfnisse befriedigen

Um eine Antwort bitten

Veuillez informer ma secrétaire…	Bitte informieren Sie meine Sekretärin …
Veuillez vous mettre en contact avec… / Veuillez contacter…	Bitte setzen Sie sich mit … in Verbindung.
Nous vous remercions d'avance de la rapidité de votre réponse.	Im Voraus danken wir Ihnen für eine rasche Antwort.
Nous serions heureux de recevoir le plus rapidement possible votre catalogue / devis.	Wir würden uns über die schnellstmögliche Zusendung Ihres Katalogs / Kostenvoranschlags freuen.
Veuillez envoyer votre réponse à…	Bitte senden Sie Ihr Antwortschreiben an …
Veuillez répondre…	Bitte antworten Sie …
aussitôt que possible.	so schnell wie möglich.
dans les plus brefs délais.	umgehend.
par retour du courrier.	umgehend / postwendend.

Anmerkungen

- Seriöse Firmen suchen selbstverständlich seriöse Lieferanten, deshalb sagt man **rechercher des fournisseurs** und nicht „chercher“:
  chercher – *suchen*, **rechercher** – *mit Sorgfalt suchen*.
- Höflichkeit ist eine Bedingung, um gute Geschäfte zu machen. Deshalb: **veuillez nous contacter** und nicht „contactez-nous“; diese Befehlsform wäre sehr trocken in Briefen, sie ist jedoch in Anzeigen geläufig.
- **Vivement intéressé/e par…** aber: **je m'intéresse beaucoup à…**
- **Visiter** – *besichtigen / besuchen* wird nicht in Zusammenhang mit Personen benützt.
  Deshalb: **Nous avons visité l'exposition / votre stand à la foire de Paris.**
  Aber: **Nous avons fait une visite à notre client. / Nous sommes allés voir notre client.**

Sie sind dran!

1 Die folgende Anzeige erweckt Ihr Interesse. Fordern Sie Unterlagen und Muster an.

Nous aimons la nature :

nous ne fabriquons que des parfums et eaux de toilettes naturels – sans ingrédients chimiques. N'hésitez pas. Contactez-nous pour recevoir catalogue et échantillons.

Parfnat, 3, av. Beauté, 11500 Quillan.

2 Vervollständigen Sie nun diese Anforderung allgemeiner Informationen.

Votre annonce parue dans « Le Capital » du 21 janvier (1) ________________ sur vos produits. C'est pourquoi (2) ________________ une documentation (3) ________________ des illustrations et vos prix. D'avance, (4) ________________ .

3 Diese Anfrage ist schon etwas detaillierter. Ergänzen Sie!

(1) ________________ à M. Batno, l'un de vos clients. Comme (2) ________________ notre domaine d'intervention, nous (3) ________________ des informations sur votre matériel quincaillerie. (4) ________________ un catalogue détaillé de vos articles et nous communiquer (5) ________________ par train pour l'envoi de 100 kilos de clous de Bonn à Rouen ?

▶ Lösung auf Seite 166

6 Eine Bestellung aufgeben

Herr Osborn hat von Frau Leroux, der Leiterin der Verkaufsabteilung von Bocuir, ein sehr interessantes Angebot erhalten. Er gibt also eine Bestellung auf.

THELEATHERSHOP
Roger Osborn

22 Brockington Road | Hereford HRI 18B
Tel. : +44 (1432) 273712 | Fax: +44 (1432) 737121
e-mail: osborn@leather.com

Ets Bocuir & Fils
A l'attention de Madame Leroux
2, rue Thumesnil
59000 Lille Cedex

Hereford, le 8 mars 20…

Madame,

J'ai bien reçu votre catalogue et (1) ________ et de livraison. Je vous remercie de la rapidité de cet envoi.

Après examen, certains de vos articles ont (2) ________ retenu mon attention. En conséquence, (3) ________, (4) ________ ci-après :

Désignation	Référence	Quantité	Prix unitaire	Montant
porte-documents	602 N	10	35 €	350 €
valise à roulettes	604 A	6	110 €	660 €
sac polochon	360 D	20	87 €	1.740 €
sac féminin	103 C	10	51 €	510 €

Afin d'élargir très rapidement mon programme, je souhaiterais que la livraison me (5) ________ (6) ________.

(7) ________ s'il vous sera possible de (8) ________.

(9) ________ comme vous le souhaitez, (10) ________.

Si cette livraison me donne satisfaction, je serai prêt à vous passer d'autres commandes.

Je vous suis d'avance très reconnaissant de votre obligeance et vous prie de croire, Madame, à l'expression de mes sentiments distingués.

R. Osborn

Roger Osborn
Le Gérant

▶ Brief 8: Lösung auf Seite 158

Geben Sie mit Hilfe folgender Begriffe die Bestellung auf:

1. *„Ihre Verkaufsbedingungen":*
vos modes de vente
vos propositions de vente
vos conditions de vente

2. *„besonders":*
particulièrement
principalement
spécialement

3. *„probeweise":*
à titre d'essai
en tant qu'essai
comme épreuve

4. *eine Bestellung aufgeben:*
j'ordonne la commande
je prends l'ordre
je vous passe la commande

5. *Welche Verbform ist richtig?*
parvienne
parviendra
parvient

6. *„vor Ende des Monats":*
avant la fin du mois
à la fin de ce mois
depuis la fin du mois

7. *Um eine Information bitten:*
Faites-moi savoir
Veuillez me faire savoir
Veuillez m'annoncer

8. *„diese Frist einhalten":*
tenir cet engagement
observer l'échéance
respecter ce délai

9. *Die Rechnung zahlen:*
Je réglerai la note
Je payerai l'addition
Je réglerai votre facture

10. *„nach Erhalt der Ware":*
dès l'envoi de la commande
dès réception de la marchandise
dès expédition des produits

Textbausteine

Eine Bestellung aufgeben

commander	bestellen / ordern
passer une commande	eine Bestellung aufgeben
Nous souhaitons passer une commande de...	Wir möchten bei Ihnen eine Bestellung über ... aufgeben.
Nous vous prions de bien vouloir envoyer les marchandises ci-dessous nommées.	Bitte schicken Sie uns die nachstehend genannten Waren.
Veuillez nous envoyer / fournir / expédier...	Bitte schicken Sie uns / beliefern Sie uns mit ...
Veuillez trouver ci-joint notre commande.	Wir fügen unsere Bestellung bei.
Nous vous adressons ci-joint une commande ferme.	Wir übersenden Ihnen anbei einen verbindlichen Auftrag.
Nous passons, à titre d'essai, la commande ci-après :	Wir erteilen Ihnen den nachstehenden Probeauftrag:
Comme suite à votre offre, vous trouverez ci-joint notre commande de...	Wir beziehen uns auf Ihr Angebot und fügen unsere Bestellung über ... bei.

Einen Liefertermin nennen

Nous vous serions reconnaissants de nous livrer avant le...	Für eine Lieferung bis zum ... wären wir Ihnen dankbar.
Veuillez nous confirmer la livraison de la marchandise à la date souhaitée.	Bitte bestätigen Sie uns die Lieferung der Waren zum gewünschten Termin.
Nous vous remercions de nous livrer dans les plus brefs délais.	Für eine umgehende Lieferung wären wir Ihnen dankbar.
Nous comptons sur une livraison rapide de ces articles.	Wir rechnen mit einer raschen Lieferung dieser Artikel.
Nous vous prions d'effectuer la livraison immédiatement / d'ici la fin du mois.	Wir bitten Sie, uns sofort / bis Ende des Monats zu beliefern.
Nous vous demandons de respecter le délai de livraison.	Wir bitten Sie, die Lieferfrist einzuhalten.

Der Bestellschein

commande numéro / commande N°	Bestellnummer / Bestell-Nr.
Veuillez écrire en caractères d'imprimerie.	Bitte in Blockschrift schreiben.
Veuillez envoyer ce bon de commande ainsi que votre règlement à...	Bitte schicken Sie diesen Bestellschein zusammen mit Ihrer Überweisung an ...
Un double de la facture devra être joint au paquet.	Eine Rechnungskopie sollte dem Paket beigefügt werden.
Veuillez rappeler ce numéro dans toute votre correspondance.	Bitte geben Sie diese Nummer in allen Ihren Schreiben an.

Um eine Auftragsbestätigung bitten

Veuillez accuser réception de cette commande par retour du courrier.	Bitte bestätigen Sie diesen Auftrag umgehend.
Veuillez confirmer la réception de cette commande.	Bitte bestätigen Sie den Eingang dieser Bestellung.
Veuillez signer le double de cette commande et nous le renvoyer pour accusé de réception.	Bitte unterschreiben Sie das Doppel dieser Bestellung und schicken Sie es uns als Bestätigung zurück.

Ein Angebot ablehnen

Après examen, il semble que vos produits / articles ne correspondent pas à notre attente.	Die Prüfung Ihrer Produkte / Artikel hat gezeigt, dass sie unseren Erwartungen nicht entsprechen.
Nous avons constaté que les échantillons envoyés ne correspondaient pas à la qualité attendue pour nos produits.	Wir haben festgestellt, dass die zugeschickten Muster nicht der für unsere Produkte erwarteten Qualität entsprechen.

Nous pensons malheureusement que vos produits ne correspondent pas aux exigences requises. Nous ne passerons donc aucune commande.	Wir glauben leider, dass Ihre Produkte nicht den Anforderungen entsprechen. Wir werden deshalb von einer Bestellung absehen.
Je crains que vos produits ne soient pas conformes aux normes techniques prescrites pour la vente dans notre pays.	Ich fürchte, Ihre Produkte erfüllen nicht die erforderlichen technischen Voraussetzungen für den Verkauf in unserem Land.
Je crains que vos tarifs ne soient pas compétitifs dans notre pays.	Ich fürchte, Ihre Preise sind in unserem Land nicht wettbewerbsfähig / konkurrenzfähig.

An eine fällige Lieferung erinnern

En ce qui concerne notre commande N°...	Bezüglich unserer Bestellung Nr. ...
Nous désirons vous rappeler que notre commande N°... n'a toujours pas été livrée.	Wir möchten Sie daran erinnern, dass unsere Bestellung Nr. ... noch nicht geliefert wurde.
Pourriez-vous nous communiquer par retour du courrier la date de la livraison ?	Könnten Sie uns bitte umgehend den Liefertermin mitteilen?
Veuillez régler ce problème le plus vite possible.	Bitte erledigen Sie diese Angelegenheit schnellstmöglich.
Nous vous remercions d'accorder toute votre attention à ce problème.	Wir danken Ihnen für die eingehende Prüfung dieses Problems.

Eine Bestellung abändern oder stornieren

Nous souhaiterions annuler notre commande N°... pour cause de...	Wir möchten unsere Bestellung Nr. ... stornieren aufgrund ...
Par suite de circonstances imprévues, notre commande doit être réduite / complétée.	Aufgrund unvorhergesehener Umstände muss unsere Bestellung reduziert / ergänzt werden.
Nous souhaiterions, en conséquence, commander..., au lieu de...	Deshalb möchten wir ... statt ... bestellen.
En raison de..., il s'avère que nous sommes contraints de modifier notre commande de..., référence...	Wegen ... sind wir gezwungen, unsere Bestellung über ... Bestell-Nr. ... zu ändern.
Si certains articles sont épuisés, veuillez nous soumettre votre tarif / vos prix pour des articles de remplacement.	Sollten einzelne Posten / Teile nicht vorrätig sein, schicken sie bitte Ihre Preise für vergleichbare Artikel.

Anmerkungen

- Vergessen Sie nicht, wie *eine Bestellung bei jemandem aufgeben* im Französischen ausgedrückt wird:
  passer (une) commande auprès de quelqu'un.
- Merken Sie sich, dass *bitte* oft auf Französisch mit **veuillez** wiedergegeben wird.
- *Folglich* können Sie auf verschiedene Weise ausdrücken:
  en conséquence, par conséquent, donc.
- Die Rechtschreibung der französischen Wörter ist manchmal verwirrend. Deshalb merken Sie sich: **l'envoi** aber **envoyer**, **l'essai** aber **essayer**.
- Verwechseln Sie nicht **ci-joint** – *anbei*, **ci-après** – *nachstehend*, **ci-dessous** – *unten genannt*, **ci-dessus** – *oben genannt*.
- Verben, die einen Willen zum Ausdruck bringen, lösen den **Subjonctif** aus:
  Je souhaiterais que la livraison me parvienne rapidement.
  Nous aimerions que la livraison de la marchandise soit effectuée avant le 2 mai.
  Beachten Sie aber, dass nach **j'espère que** der Indikativ steht.

Sie sind dran!

1 Füllen Sie die Lücken in dieser Bestellung:

Comme suite à (1) ______________, vous trouverez (2) ______________ notre commande de café. Nous comptons sur (3) ______________ de ces articles et vous en remercions d'avance.

2 Auch diese ausführlichere Bestellung muss noch vervollständigt werden!

Nous (1) ______________ le 9 juin dernier votre catalogue et vous en remercions. Après étude, deux de vos articles (2) ______________ notre attention. Nous vous prions de (3) ______________ les modèles suivants :

- 60 chemises, référence 0101
- 60 cravates, référence 0201

Nous vous serions reconnaissants (4) ______________ avant le 30 juin. Veuillez (5) ______________ cette commande par (6) ______________ courrier.

3 Hier wird von einer Bestellung abgesehen:

Nous avons bien reçu vos échantillons et vous (1) ______________ . Mais malheureusement vos produits (2) ______________ aux exigences requises. Nous (3) ______________ aucune commande.

4 Am 5. November haben Sie 20 Regenschirme (**parapluies**) Modell „Déluge“ bei Ihrem Vertreter bestellt. Da die Nachfrage sehr groß ist, möchten Sie Ihre Bestellung abändern. Sie bestellen statt 20 Stück 40 und bitten um eine sehr schnelle Lieferung.

▶ Lösung auf Seite 167

! Lerntipps

- Wenn Sie neue Ausdrücke lernen, lesen Sie sie mehrmals laut und schreiben Sie sie mehrmals auf. Versuchen Sie, sie bei geschlossenem Buch aufzulisten.
  Nehmen Sie sich auch hier nicht zu viel vor! Als Faustregel gilt: Lernen Sie 5 bis 7 Wörter oder kurze Ausdrücke auf einmal.

7 Bestellungen beantworten

Frau Leroux bestätigt den Auftragsbrief von Herrn Osborn. Leider muss sie ihm mitteilen, dass ein Artikel nicht sofort lieferbar ist.

Ets BOCUIR & FILS
Maroquinerie

2, rue Thumesnil · 59000 Lille Cedex · Tél. : 03 38 37 02 25 · Fax : 03 38 47 12 26
info@etsbocuir.fr · www.etsbocuir.fr

Monsieur Roger Osborn
22 Brockington Road
Hereford HRI 18B
Angleterre

Lille, le 12 mars 20…

Monsieur,

(1) ____________ votre commande du 8 mars et vous en remercions.

Cependant (2) ____________ vous signaler qu'à la suite d'un afflux de commandes, (3) ____________ de vous livrer les sacs polochon, référence 602 D, d'ici la fin du mois. (4) ____________ dès le 5 avril.

Les autres articles pourront (5) ____________ immédiatement par fret aérien.

(6) ____________ donc (7) ____________ après votre accord.

Nous espérons que, (8) ____________, vous nous accorderez toute votre confiance. Soyez assuré que nous apporterons tous nos soins à (9) ____________.

Dans l'attente de votre réponse, nous vous prions de croire, Monsieur, à l'expression de (10) ____________.

Leroux

Sylvie Leroux
Service des Ventes

1

▶ Brief 9: Lösung auf Seite 159

Gestalten Sie mit Hilfe folgender Elemente die Auftragsbestätigung:

1. *Einen Auftrag bestätigen:*
   Nous avons bien passé
   Nous avons bien enregistré
   Nous avons bien remis

2. *„es liegt uns daran“:*
   nous tenons à
   nous vous retenons à
   il est important de

3. *„wir werden nicht in der Lage sein“:*
   nous ne serons pas capables
   nous ne pourrons pas
   nous ne serons pas en mesure

4. *„Sie werden lieferbar sein“:*
   Ils seront délivrés
   Ils sont livrés
   Ils seront livrables

5. *„versendet werden“:*
   être expédiés
   être adressés
   être transmis

6. *„Wir werden ausführen“:*
   Nous ferons
   Nous réaliserons
   Nous effectuerons

7. *„diese Lieferung“:*
   cette fourniture
   cette livraison
   cette livrée

8. *„trotz dieser Verzögerung“:*
   malgré cet obstacle
   malgré ce contretemps
   en dépit de cette difficulté

9. *„die Ausführung Ihrer Bestellung“:*
   la réalisation de votre ordre
   l'accomplissement de votre ordre
   l'exécution de votre commande

10. *Grußformel:*
    nos sincères salutations
    nos sentiments dévoués
    notre parfaite considération

Textbausteine

Einen Auftrag bestätigen

Nous vous remercions de votre commande.	Wir danken (Ihnen) für Ihre Bestellung.
Nous accusons réception de votre commande N° 132.	Wir bestätigen den Erhalt Ihrer Bestellung Nr. 132.
Nous avons bien reçu votre commande et vous en remercions.	Wir bestätigen dankend den Eingang Ihrer Bestellung.
Nous avons enregistré votre commande de...	Wir haben Ihre Bestellung über ... aufgenommen / notiert.
Nous joignons le double dûment signé en accusé de réception de votre commande.	Wir fügen das ordnungsgemäß unterzeichnete Doppel zur Bestätigung Ihrer Bestellung bei.

Die Ausführung einer Bestellung bestätigen

Nous avons le plaisir de vous confirmer que...	Wir freuen uns, Ihnen bestätigen zu können, dass ...
Nous pourrons effectuer votre commande dans les temps prévus.	Wir können Ihre Bestellung in der vorgesehenen Zeit ausführen.
Nous vous livrerons ces articles dans les délais préalablement fixés.	Wir werden Ihnen diese Artikel in der festgesetzten Frist liefern.
Selon votre désir la livraison sera effectuée avant le... *(date)*.	Die Lieferung wird wunschgemäß bis zum ... *(Datum)* erfolgen.
Nous allons exécuter votre commande portant sur... dans les plus brefs délais.	Wir werden Ihren Auftrag über ... schnellstens aus- / durchführen
Nous pourrons vous livrer sous huitaine / dans quinze jours.	Wir können Sie innerhalb einer Woche / in 14 Tagen beliefern.
Nous vous confirmons la livraison avant la fin du mois.	Wir bestätigen, dass wir vor Monatsende liefern können.
Les marchandises commandées peuvent vous être livrées immédiatement.	Die bestellten Waren können sofort geliefert werden.
Nous vous informerons dès que la marchandise sera prête pour l'expédition.	Wir werden Sie informieren, sobald die Lieferung versandfertig ist.

Eine Verzögerung ankündigen

Nous vous informons que votre commande ne nous est parvenue que le...	Wir möchten Ihnen mitteilen, dass uns Ihre Bestellung erst am ... erreicht hat.
Il nous faudra un délai de... jours pour exécuter cette commande.	Zur Bearbeitung dieser Bestellung benötigen wir ... Tage.

Je regrette de devoir vous informer que suite à un fâcheux contretemps la livraison ne pourra être effectuée qu'à partir du... / que dans une semaine.	Ich muss Ihnen leider mitteilen, dass die Lieferung wegen einer bedauerlichen Verzögerung erst ab dem ... / erst in einer Woche erfolgen kann.
Nous tenons à vous signaler que, pour des raisons techniques, nous ne serons pas en mesure de vous livrer dans les délais convenus.	Es liegt uns daran, Ihnen mitzuteilen, dass wir aus technischen Gründen nicht in der Lage sein werden, die Waren in der vereinbarten Frist zu liefern.
Nous sommes au regret de devoir vous communiquer un retard de livraison.	Wir bedauern, Ihnen mitteilen zu müssen, dass sich die Auslieferung verzögert hat.
Par suite de... / En raison de... nous ne serons pas en mesure de livrer votre commande N° 12 avant le 7 juin.	Wegen / Aufgrund ... sind wir nicht in der Lage, Ihre Bestellung Nr. 12 vor dem 7. Juni auszuführen.
Sauf contrordre de votre part, nous considérons que votre commande est maintenue.	Falls wir nichts Gegenteiliges von Ihnen hören, nehmen wir an, dass die Bestellung weiterhin gültig ist.

Schwierigkeiten einräumen

Nous regrettons de devoir vous informer que les marchandises commandées ne sont pas / ne sont plus disponibles.	Es tut uns leid, Ihnen mitteilen zu müssen, dass die bestellten Waren nicht / nicht mehr vorrätig sind.
Malheureusement...	Bedauerlicherweise / Leider ...
Je crains que votre commande ne se soit égarée.	Ich fürchte, Ihre Bestellung ist verloren gegangen.
Pourriez-vous nous adresser un double de votre commande ?	Könnten Sie uns ein Doppel / eine Kopie Ihrer Bestellung schicken?

Einen Ersatz anbieten

Nous pourrions néanmoins vous offrir un produit analogue.	Wir könnten Ihnen jedoch einen Ersatzartikel anbieten.
Notre modèle N° 5 est très semblable.	Unser Modell Nr. 5 ist sehr ähnlich.
Ce produit présente les mêmes qualités / est de même qualité.	Dieses Produkt ist von gleicher Qualität.

Anmerkungen

- Wenn Sie einen Kunden auf etwas aufmerksam machen wollen, schreiben Sie nicht „Nous vous signalons que…“, sondern **Nous tenons à vous signaler que…** – dieser Satz ist viel höflicher. Denken Sie dabei an die Präposition **à.**

- Merken Sie sich die folgenden Wendungen:
  enregistrer une commande – *eine Bestellung aufnehmen*
  exécuter une commande – *eine Bestellung/einen Auftrag ausführen/erledigen*
  effectuer une livraison – *eine Lieferung aus-/durchführen*

- **Cependant, toutefois, néanmoins** drücken einen Vorbehalt aus:
  Cependant, nous souhaiterions…
  Toutefois, il serait préférable…
  Je dois néanmoins spécifier…

- Der Imperativ ist in Geschäftsbriefen zu vermeiden. Sie können ihn allerdings doch benutzen, wenn er keinen Befehl ausdrückt, z. B. in Wendungen wie:
  N'hésitez pas à nous contacter.
  Veuillez nous contacter.
  Soyez assuré/s du soin que nous apporterons à l'exécution de votre commande.

- Beachten Sie bei folgenden Zeiträumen die Unterscheidung:
  sous huitaine/dans les 8 jours bedeutet *innerhalb 8 Tagen;* **dans une semaine** bedeutet *in 8 Tagen*, d. h. eigentlich *innerhalb einer Woche/in 7 Tagen.*
  Genauso **dans les 15 jours**: Dies bedeutet nicht *innerhalb 15 Tagen,* sondern **dans les 2 semaines**, also *innerhalb 14 Tagen.* **Dans une quinzaine/dans quinze jours/dans 2 semaines** bedeutet *in 14 Tagen.*

- Die französische Grammatik ist mitunter tückisch! Achten Sie auf die folgenden Sätze:
  En espérant…/En vous remerciant…, nous vous prions d'agréer, Madame, nos salutations distinguées.
  Ein Gerundium ist nur möglich, wenn Neben- und Hauptsatz wie in diesem Fall dasselbe Subjekt haben: **en vous remerciant = nous vous remercions.**
  Daher wäre es falsch zu sagen: „En espérant recevoir une réponse…, veuillez…“
  Richtig ist: **En espérant recevoir une réponse…, nous vous prions…**

Sie sind dran!

1 Vervollständigen Sie die folgende Auftragsbestätigung.

Nous accusons (1) ________________ votre commande du 10 mai. Nous avons le plaisir de (2) ________________ que, selon votre désir, la livraison (3) ________________ avant le 30 mai.

2 Wie muss es in diesem Bestätigungsschreiben korrekt heißen?

Nous avons (1) ________________ votre commande N° 54 et vous en remercions. Nous (2) ________________ dûment signé en accusé de réception. Nous vous confirmons que les articles commandés pourront vous (3) ________________ immédiatement.

3 Hier wird aufgrund von Lieferschwierigkeiten ein Ersatzartikel angeboten!

Je (1) ________________ de devoir vous communiquer que les articles commandés ne sont plus (2) ________________ . Nous pouvons néanmoins vous offrir (3) ________________ qui (4) ________________ même qualité et que nous pourrions (5) ________________ à la date souhaitée.

4 Teilen Sie einem Kunden mit, dass sich die Auslieferung der bestellten Waren aus technischen Gründen um 3 Wochen verzögern wird.

▶ Lösung auf Seite 167

8 Angebote

Die Firma Bocuir möchte sich mit Farbdruckern ausstatten und hat natürlich mehrere Computerfirmen um ein Angebot gebeten. Sie hat ein besonders günstiges von Macinpel erhalten.

MACINPEL
30, rue Emile Zola • 75015 Paris • Tél: 01 48 15 30 30 • Fax: 01 48 15 30 31

Ets Bocuir & Fils
2, rue Thumesnil
59000 Lille Cedex

Paris, le 20 mars 20…

Madame, Monsieur,

(1) ______________ votre lettre du 15 mars, (2) ______________ par ce même courrier notre dernier catalogue ainsi que les prix courants de nos imprimantes.

Nous nous permettons (3) ______________ sur notre nouveau modèle, Colorrap, qui devrait répondre aux exigences de votre entreprise.

Colorrap, d'un maniement très simple, même pour les non-spécialistes, imprime directement et fidèlement votre document original en couleurs.

Si vous nous passez commande sous huitaine, vous pourrez profiter de notre offre promotionnelle particulièrement (4) ______________ : nous accordons actuellement (5) ______________ à nos clients, auxquels s'ajoutent 3% d'escompte (6) ______________.

Le paiement devra s'effectuer par virement bancaire.

La livraison se fait dans un délai de deux semaines. (7) ______________ et procédons à l'installation et à la mise en marche des appareils.

En cas d'incident technique, le personnel très compétent de notre service après-vente se rend chez vous dans les 8 heures qui suivent votre appel.

www.macinp.fr

- 2 -

Peut-être désirez-vous, afin de faciliter votre choix, que (8) ____________________ chez vous une démonstration de nos appareils. Dans ce cas n'hésitez pas à nous contacter.

(9) ____________________ pour tous renseignements complémentaires et espérons vous compter très prochainement parmi nos clients.

Nous vous prions de croire, Madame, Monsieur, à l'expression de nos sentiments dévoués.

Service des Ventes
Daniel Denay

▶ Brief 10: Lösung auf Seite 159

Gestalten Sie mit Hilfe folgender Elemente das Angebot:

1. *„In Beantwortung":*
   En réponse à
   Pour répondre de
   Répondant à

2. *„wir freuen uns, Ihnen … zuzusenden":*
   nous avons le plaisir d'insérer
   nous avons la joie de vous donner
   nous avons le plaisir de vous envoyer

3. *„Sie aufmerksam machen":*
   de garder votre attention
   d'attirer vos regards
   d'attirer votre attention

4. *„günstig":*
   propice
   favorable
   avantageuse

5. *„7 % Rabatt":*
   7% de remise
   7% d'abattement
   7% de moins

6. *„bei sofortiger Zahlung":*
   pour règlement rapide
   en cas de paiement comptant
   moyennant paiement anticipé

7. *„Wir liefern unentgeltlich":*
   Nous livrons gracieusement
   Nous livrerions gratis
   Nous fournissons gratuitement

8. *Welche Verbform ist richtig?*
   nous organisions
   nous organisons
   nous organiserons

9. *„Wir stehen Ihnen jederzeit zur Verfügung":*
   Nous avons à votre disposition
   Nous sommes toujours disposés
   Nous restons à votre entière disposition

Textbausteine

Unterlagen schicken

Faisant suite à votre demande du... nous avons le plaisir de vous adresser ci-joint...	Bezug nehmend auf Ihre Anfrage vom ..., freuen wir uns, Ihnen anbei ... zu senden.
Nous avons le plaisir de vous soumettre...	Wir freuen uns, Ihnen ... zur Ansicht vorlegen zu können.
notre dernier tarif	unsere aktuelle Preisliste
notre catalogue le plus récent	unseren neuesten Katalog
une offre détaillée pour les marchandises spécifiées	einen genauen Kostenvoranschlag über die angeführten Waren
Pour l'aménagement de vos bureaux, nous avons établi le devis suivant :	Für die Ausstattung Ihrer Büroräume haben wir folgenden Kostenvoranschlag erstellt:

Einen Rabatt oder Nachlass gewähren

Nous pouvons offrir une remise de 10% sur les commandes supérieures à 950 €.	Wir können 10 % Rabatt auf alle Bestellungen über 950 € gewähren.
Nous pouvons vous faire une offre ferme pour...	Wir können Ihnen ein verbindliches Angebot über/für ... machen.
Nous pouvons vous consentir une remise/un rabais de 10%.	Wir können Ihnen einen 10%igen Rabatt einräumen/anbieten.
Vous bénéficierez d'une réduction de 10% sur votre commande initiale/le total de votre commande.	Auf Ihre Erstbestellung/den Gesamtbetrag Ihrer Bestellung gewähren wir einen Nachlass von 10 %.
Nous vous offrons ces produits à des conditions particulièrement avantageuses.	Wir bieten Ihnen diese Produkte zu besonders günstigen Konditionen an.
Vous pourrez profiter de notre offre promotionnelle très avantageuse.	Sie können unser besonders günstiges Werbeangebot in Anspruch nehmen.
Cette gamme bénéficie d'une offre spéciale de lancement.	Diese Serie ist zu einem besonderen Einführungspreis im Angebot.
Nous accordons un escompte de 10% pour règlement dans les 8 jours.	Wir gewähren bei Zahlung binnen 8 Tagen 10 % Skonto.
Cette offre exceptionnelle est valable jusqu'au 30 juin.	Dieses vorteilhafte Angebot gilt bis zum 30. Juni.

Auf einen begrenzten Vorrat hinweisen

Tous les modèles (ne) sont (pas) disponibles en stock.	(Nicht) alle Modelle sind vorrätig.
Veuillez nous faire parvenir votre commande le plus vite possible car nos stocks sont limités.	Bitte schicken Sie uns Ihre Bestellung so bald wie möglich, da unsere Lagerbestände begrenzt sind.

Nos stocks sont épuisés mais nous pouvons vous offrir un produit équivalent.	Unsere Bestände sind erschöpft, aber wir können Ihnen ein anderes gleichwertiges Produkt anbieten.
Si vous commandez des quantités importantes, veuillez vous informer préalablement par téléphone des stocks disponibles.	Falls Sie größere Mengen bestellen wollen, rufen Sie uns bitte vorher an, um den Lagerbestand zu erfragen.

Vorbehalte äußern

sous réserve de...	unter Vorbehalt / vorbehaltlich ...
jusqu'à épuisement des stocks	solange der Vorrat reicht
sauf vente préalable / vente intermédiaire réservée	Zwischenverkauf vorbehalten
sous réserve d'acceptation jusqu'au 30 juin	bei Annahme bis zum 30. Juni
Les prix peuvent être modifiés sans préavis.	Wir behalten uns Preisänderungen vor.

Zusätzliche Leistungen erwähnen

Nous avons des centres de service dans tout le pays.	Wir haben landesweit Dienstleistungszentren.
L'équipement comprend des accessoires en option.	Für die Ausrüstung gibt es verschiedenes Sonderzubehör.
Les marchandises sont garanties pendant un an.	Auf die Waren geben wir ein Jahr Garantie.
La garantie est d'un an.	Die Garantie beträgt ein Jahr.
Nous livrons gracieusement.	Wir liefern unentgeltlich / kostenlos.
L'installation est effectuée gratuitement.	Der Einbau / Anschluss erfolgt kostenlos / gebührenfrei.
Nous prenons en charge les frais de...	Wir übernehmen die Kosten für ...

Zahlungsarten und Preise

franco de port et d'emballage	porto- und verpackungsfrei
en frais supplémentaires	zuzüglich (berechnet)
conditions de paiement : 30 jours net	Zahlungsbedingungen: netto (innerhalb) 30 Tage(n)
paiement par chèque / lettre de change / traite à 3 mois	Zahlung mit Scheck / Wechsel / Dreimonatswechsel
par virement bancaire	durch Banküberweisung

Anmerkungen

- Statt **envoyer** können Sie das Verb **adresser** benutzen.
- Beachten Sie: Im **Si**-Satz (**si** – *wenn/vorausgesetzt, dass*) können weder Futur noch Konditional stehen.
  Si vous passez commande avant le 2 juin, nous vous ferons une réduction.
  Si vous aviez besoin de ces articles rapidement, nous pourrions vous livrer immédiatement.
- **L'offre** wird im Französischen allgemein für ein *Angebot* verwendet: **soumettre une offre**.
  Le devis dagegen bezeichnet eine detaillierte Aufstellung von Gütern und/oder Dienstleistungen und ihrer voraussichtlichen Kosten *(Kostenvoranschlag)*:
  Veuillez m'établir un devis pour l'aménagement de nos bureaux.
- Für *Nachlass* und *Rabatt* finden Sie im Französischen mehrere Übersetzungen: **la remise, le rabais** und **la ristourne.** Beachten Sie dabei jedoch die kleinen Bedeutungsunterschiede:
  la remise ist der allgemeinste der drei Begriffe;
  le rabais wird bei einer Beanstandung gewährt, z. B. wegen eines Fehlers an der Ware oder einer Lieferverzögerung;
  la ristourne ist der Nachlass, den ein Kunde für seine über eine längere Zeit getätigten Einkäufe erhält.
- Merken Sie sich die Wortstellung, wenn **peut-être** am Anfang eines Satzes steht:
  Peut-être désirez-vous que..., Peut-être aimeriez-vous que...
- Vergessen Sie nicht, dass bei Personen, Namen und Pronomen, die Personen ersetzen, die Präposition **chez** steht:
  J'ai rendez-vous chez Madame Leroux.
  Le personnel se rend chez elle tout de suite.
- Verwechseln Sie nicht:
  compter – *berechnen, zählen*
  compter sur – *rechnen mit*
  compter parmi – *zählen zu*

Sie sind dran!

1 Können Sie die Lücken in den folgenden drei Angeboten füllen, ohne zunächst bei den Wendungen der „Textbausteine" nachzuschlagen?

Nous avons (1) ________________ de vous soumettre une offre détaillée pour les marchandises spécifiées. Vous pouvez (2) ________________ de 5% sur une commande (3) ________________ à 800 €. Nous vous livrerons (4) ________________ de port.

2 Hier wird zusätzlich auf einen besonderen Einführungspreis hingewiesen. Ergänzen Sie!

Nous vous (1) ______________ de votre demande d'offre citée ci-dessus. Nous tenons à (2) ______________ sur le fait que ces produits bénéficient (3) ______________ de lancement et que nos stocks sont (4) ______________ . C'est pourquoi nous vous conseillons de nous (5) ______________ votre commande le plus (6) ______________ .

3 Das folgende Angebot ist für rasch Entschlossene. Wie muss es jedoch korrekt lauten?

C'est (1) ______________ que nous vous envoyons notre catalogue le (2) ______________ ainsi que notre dernier tarif. Nous pouvons vous (3) ______________ une (4) ______________ de 10% sur tous nos produits. Toutefois, nous tenons à préciser que cette offre (5) ______________ jusqu'au 15 mai.

4 Bringen Sie dieses Durcheinander wieder in die richtige Reihenfolge!

1. correspondre parfaitement à vos besoins.
2. Les appareils sont garantis pendant deux ans.
3. D'après les informations que vous nous avez communiquées,
4. La performance de ces appareils devrait
5. pour une commande dépassant 610 €,
6. Nous vous remercions vivement de votre demande
7. Ci-joint, vous trouverez notre nouveau catalogue
8. qui contient une description détaillée des appareils
9. du 21 courant concernant nos aspirateurs.
10. nous vous suggérons les trois modèles suivants : N° 7, N° 8, N° 9.
11. une remise de 5%
12. ainsi que la liste des prix et nos conditions de livraison.
13. Nous sommes disposés à vous accorder

▶ Lösung auf Seite 167

! Lerntipps

- Wichtig sind vor allem die immer wiederkehrenden Wendungen wie „sich auf einen vorausgegangenen Brief beziehen", „sich bedanken" oder die Schlussformulierungen.

  Versuchen Sie, sie bei geschlossenem Buch aufzulisten. An welche können Sie sich erinnern? Prüfen Sie dann im Buch nach, ob Sie sie richtig geschrieben haben.

9 Zahlungsbedingungen

Frau Leroux schreibt einer neuen Kundin aus der Schweiz, Frau Ottheau, die Bocuir einen Großauftrag erteilen möchte.

Ets BOCUIR & FILS
M a r o q u i n e r i e

2, rue Thumesnil · 59000 Lille Cedex · Tél. : 03 38 37 02 25 · Fax : 03 38 47 12 26
info@etsbocuir.fr · www.etsbocuir.fr

Madame Véronique Ottheau
Rue Rose, 36
CH 1207 Genève

Lille, le 30 mars 20…

1 ____________________,

2 ____________________ votre lettre du 25 courant et vous remercions de l'intérêt que vous portez à nos modèles.

Nous vous communiquons, comme vous le souhaitez, nos 3 ____________________.

Nos factures sont 4 ____________________ dans les 30 jours 5 ____________________, 6 ____________________.

Pour les commandes dépassant 6.000 €, nous sommes disposés à vous 7 ____________________ de 15% sur le prix courant.

Le paiement 8 ____________________ 9 ____________________ ou par crédit documentaire irrévocable.

Nous restons à votre disposition et pouvons vous assurer que vos ordres seront, bien entendu, toujours 10 ____________________ avec le souhait de vous donner entière satisfaction.

Veuillez agréer, Madame, nos salutations distinguées.

Sylvie Leroux
Service des Ventes

1

▶ Brief 11: Lösung auf Seite 159

Helfen Sie ihr, die Zahlungsbedingungen zu erläutern:

1 *Die Anrede:*
Madame Ottheau
Chère Madame
Madame

2 *Den Erhalt des Briefes bestätigen:*
Nous répondons à
Nous nous reportons à
Nous accusons réception de

3 *„Zahlungsbedingungen“:*
lois de paiement
conditions de paiement
règles du péage

4 *„fällig“:*
échues
payables
versées

5 *„ab Rechnungsdatum“:*
à compter de la date de facturation
à partir de la date de la facture
à la date de la facturation

6 *„ohne Abzug“:*
sans réduction
sans déduction
sans décompte

7 *„einen Nachlass gewähren“:*
accorder une remise
accepter un rabais
concéder une diminution

8 *„sollte … erfolgen“:*
devrait se faire
devra s'effectuer
doit se régler

9 *„per Banküberweisung“:*
par chèque bancaire
par virement bancaire
par transfert

10 *„ausgeführt“:*
écoutés
exposés
exécutés

Textbausteine

Die Zahlungsbedingungen angeben

Nos conditions de paiement sont les suivantes :	Unsere Zahlungsbedingungen lauten wie folgt/sind folgende:
Nos factures sont payables dans les 30 jours à compter de la date de facturation / d'expédition.	Unsere Rechnungen sind innerhalb 30 Tagen ab Rechnungsdatum / Versanddatum zahlbar.
sans déduction / net	ohne Abzug / netto
Le paiement devra s'effectuer par...	Die Zahlung hat per ... zu erfolgen.
crédit documentaire irrévocable	unwiderrufliches Akkreditiv
virement bancaire	Banküberweisung
traite bancaire certifiée	Bankwechsel
chèque	Scheck
chèque bancaire libellé à l'ordre de...	Scheck ausgestellt an ...
prélèvement automatique	Direktabbuchung
mandat postal international	internationale Postanweisung
paiement à la livraison	Zahlung gegen Nachnahme
paiement à la commande	Zahlung bei Auftragserteilung
paiement anticipé	Vorauszahlung
paiement trimestriel / mensuel	vierteljährliche / monatliche Zahlung
par traite de 3 mois	mit Dreimonatswechsel
payable à vue	Zahlung bei Vorlage
règlement comptant contre documents	Kasse gegen Dokumente
facture pro-forma	Pro-forma-Rechnung
taux de change actuel	aktueller Wechselkurs
TVA (taxe à la valeur ajoutée)	MwSt. (Mehrwertsteuer)
exempt/e de taxe	steuerfrei, zollfrei
hors taxes (HT)	ohne Steuer / Steuer nicht inbegriffen
toutes taxes comprises (TTC)	inklusive Steuer / Steuer inbegriffen

Sich nach Sonderkonditionen erkundigen

Pouvez-vous nous consentir une remise ?	Können Sie uns einen Nachlass gewähren?
Pourriez-vous nous accorder un tarif préférentiel, vu l'importance de cette commande ?	Könnten Sie uns in Anbetracht der Größenordnung dieser Bestellung einen Vorzugs- / Sonderpreis gewähren?
Vous serait-il possible de nous accorder un rabais ?	Wäre es Ihnen möglich, uns einen Rabatt zu gewähren?

Zahlungsaufschub / Kredit gewähren oder ablehnen

Nous n'accordons pas de crédit.	Wir gewähren keinen Kredit.
Nous ne sommes pas en mesure de vous accorder un crédit.	Wir sind nicht in der Lage, Ihnen Kredit einzuräumen.
Nous pouvons vous accorder un crédit de 2 mois.	Wir können Ihnen ein Zahlungsziel von 2 Monaten gewähren.

Um Begleichung einer Rechnung bitten

Ci-joint, vous trouverez notre facture d'un montant de...	Unsere Rechnung über ... liegt bei.
Nous vous serions reconnaissants de bien vouloir régler la facture ci-jointe.	Wir bitten Sie, die beiliegende Rechnung zu begleichen.
Vous voudrez bien régler la facture ci-jointe.	Wir bitten um Begleichung der beigefügten Rechnung.

Eine Zahlung leisten

Nous avons le plaisir de vous envoyer un mandat international de...	Wir freuen uns, Ihnen eine internationale Postanweisung über ... schicken zu können.
Ci-joint, vous trouverez un chèque d'un montant de...	Ein Scheck in Höhe von ... liegt bei.
Nous avons demandé à notre banque de verser l'acompte convenu de 10%.	Unsere Bank ist angewiesen, die vereinbarte Anzahlung von 10 % zu überweisen.
En règlement de la facture proforma N°... vous trouverez ci-joint une traite de...	Zur Begleichung der Pro-forma-Rechnung Nr. ... legen wir einen Wechsel über ... bei.

Eine Gutschriftsanzeige schicken

Veuillez nous faire parvenir un avoir de...	Bitte senden Sie uns eine Gutschriftsanzeige über die Summe von ...
Nous joignons un avoir d'un montant de...	Wir legen eine Gutschriftsanzeige über die Summe von ... bei.

Ein Konto besitzen

J'aimerais ouvrir un compte chèques à votre banque.	Ich möchte ein Girokonto bei Ihnen eröffnen.
Nous aimerions ouvrir un compte courant.	Wir möchten ein Firmen- / Geschäftskonto eröffnen.
Pourriez-vous nous communiquer vos références bancaires avec numéros de compte et de carte de crédit ?	Könnten Sie uns bitte Ihre Bankverbindung einschließlich Ihrer Konto- und Kreditkartennummer mitteilen?

Ein Formular ausfüllen

Prière de remplir en caractères d'imprimerie.	Bitte in Blockschrift ausfüllen.
donneur d'ordre, commettant	Auftraggeber
bénéficiaire	Begünstigter
payable à l'ordre de	zahlbar an
montant dû	fälliger Betrag
somme en toutes lettres	Betrag in Worten

Anmerkungen

- Jedes Wort hat mehrere Bedeutungen: **règlement** bedeutet nicht nur *Verordnung, Regelung,* sondern auch *Zahlung*.
  Für *Zahlung* können Sie also entweder **règlement** oder **paiement** benutzen.
- In Geschäftsbriefen sollten Sie den Ausdruck „payer une facture" vermeiden. Schreiben Sie lieber: **effectuer le règlement / paiement d'une facture** oder **régler une facture**.
- Auch hier gilt wieder: Die Futur-Wendung **le paiement devra s'effectuer...** klingt höflicher als „le paiement doit s'effectuer...".
- **La traite** bedeutet *Tratte, Wechsel,* aber: **traiter des affaires** – *Geschäfte tätigen,* **traiter une commande** – *eine Bestellung bearbeiten.*
- Um Ihre Bereitschaft auszudrücken, stehen Ihnen mehrere Wendungen zur Verfügung: **être disposé/e à, être prêt/e à, être en mesure de, être à même de.**

Sie sind dran!

1 Bestätigen Sie den Eingang der Lieferung samt Rechnung und füllen Sie die Lücken.

Nous (1) ______________ réception de votre livraison du 12 janvier et de la facture N° 24 (2) ______________ 885 €. Comme (3) ______________ , nous (4) ______________ cette somme à votre compte auprès du Crédit Lyonnais.

2 Sonderkonditionen sind oft möglich! Vervollständigen Sie dieses Schreiben.

Malheureusement nous ne sommes pas (1) ______________ de vous (2) ______________ un crédit. Par contre nous (3) ______________ vous (4) ______________ une remise de 10% sur le (5) ______________ de la facture.

3 Vervollständigen Sie auch die folgende Zusage.

En (1) ______________ à votre fax de ce matin, nous vous informons que nous sommes (2) ______________ vous accorder (3) ______________ de 3% pour (4) ______________ dans les 8 jours.

▶ Lösung auf Seite 167

10 Lieferbedingungen

Frau Leroux beantwortet einen Brief, in dem ein Kunde sie gebeten hat, ihm die Lieferbedingungen für eine Warensendung nach Fort-de-France, Martinique, mitzuteilen.

Ets BOCUIR & FILS
M a r o q u i n e r i e

2, rue Thumesnil · 59000 Lille Cedex · Tél. : 03 38 37 02 25 · Fax : 03 38 47 12 26
info@etsbocuir.fr · www.etsbocuir.fr

Monsieur Marc Martin
20, rue Cité Dillon N 630
97200 Fort-de-France

Lille, le 10 avril 20…

Monsieur,

(1) ________________ votre demande du 5 avril, nous vous informons que (2) ________________ est de 4 semaines à compter de (3) ________________.

L'envoi se fait par camion de Lille à Dunkerque, puis par bateau jusqu'au port de Fort-de-France où vous devrez vous-même (4) ________________.

Nous vous communiquerons dès que possible les coordonnées du navire.

Nous emballons séparément chaque article dans une boîte en carton. Les boîtes sont mises dans des caisses en bois.

(5) ________________ CAF pour le transport (6) ________________.

(7) ________________ d'une livraison plus rapide, (8) ________________ à vous expédier la marchandise par fret aérien, mais dans ce cas vous devrez (9) ________________.

Nous espérons être bientôt favorisés d'une commande qui (10) ________________ l'objet de nos soins attentifs.

Nous vous prions de croire, Monsieur, à l'expression de nos sentiments les plus dévoués.

Leroux

Sylvie Leroux
Service des Ventes

1

▶ Brief 12: Lösung auf Seite 160

Helfen Sie Frau Leroux, die Lieferbedingungen mit Hilfe folgender Begriffe zu formulieren:

1 *„Wir beziehen uns auf":*
Ayant reçu
Pour répondre à
Nous référant à

2 *„die Lieferfrist":*
le délai de livraison
le terme de la livraison
la date de l'envoi

3 *„der Erhalt Ihrer Bestellung":*
l'arrivée de votre offre
la réception de votre commande
la possession de votre ordre

4 *„die Ware in Empfang nehmen":*
recevoir les produits
délivrer les marchandises
réceptionner la marchandise

5 *„Unsere Preise verstehen sich":*
Nos coûts sont
Nos prix s'entendent
Nos prix comprennent

6 *Transportwege:*
par terre et mer
sur la terre et la mer
par voies terriennes et maritimes

7 *„Falls Sie ... benötigen sollten":*
Si vous utilisez
Si vous aviez besoin
Si vous étiez dans le besoin

8 *Eine Dienstleistung anbieten:*
nous serions prêts
nous avons été disposés
nous sommes à même

9 *„die Zusatzkosten tragen":*
supporter les frais supplémentaires
payer plus cher
régler un supplément

10 *Welche Verbform ist richtig?*
fasse
aura fait
fera

Textbausteine

Lieferfristen mitteilen

Nous sommes en mesure de livrer dès réception de votre commande / ordre.	Wir können sofort nach Eingang Ihrer Bestellung liefern.
Le délai de livraison sera de 4 mois.	Die Lieferfrist beträgt 4 Monate.
L'envoi est prêt pour livraison immédiate.	Die Sendung ist versandbereit.
Les marchandises sont en magasin / stock et devraient être prêtes à l'envoi lundi prochain.	Die Artikel sind vorrätig und dürften bis kommenden Montag zur Auslieferung versandfertig sein.
La livraison sera effectuée dans le courant du mois / dans les deux mois.	Die Lieferung wird im Laufe des Monats / innerhalb 2 Monaten erfolgen.

Das Transportmittel mitteilen

Comme convenu, l'envoi se fera par camion / train / avion / bateau.	Wie vereinbart wird die Lieferung per Lastwagen / Bahn / Luftfracht / Seefracht erfolgen.
Nous vous enverrons les marchandises demain par fret aérien / maritime / ferroviaire / par terre et mer.	Wir werden die Waren morgen per Luftfracht / Seefracht / Bahnfracht / auf dem Land- und Seeweg verschicken.

Die Versandbedingungen angeben

Nos prix s'entendent / sont…	Unsere Preise verstehen sich / gelten …
départ usine (EXW)	ab Werk (EXW: ex work)
pris en magasin	ab Lager
franco transporteur	frei Frachtführer
franco à bord (FOB)	frei an Bord
franco (sur) wagon (FOR)	frei Waggon
franco domicile	frei Haus
franco de port jusqu'à…	frachtfrei bis …
franco frontière / gare	frei Grenze / Bahnhof
coût, assurance, fret (CAF)	Kosten, Versicherung, Fracht (CIF: cost, insurance, freight)
coût et fret (CF)	Kosten und Fracht
fret ou port payé, assurance comprise jusqu'à… (CIP)	frachtfrei versichert bis …
rendu droits acquittés (DDP)	geliefert verzollt
en port dû	unfrei

Die Lieferadresse mitteilen

Veuillez noter que la livraison doit être effectuée à l'adresse suivante :	Bitte beachten Sie, dass die Lieferung an folgende Adresse zu erfolgen hat:
Veuillez nous livrer à l'adresse suivante :	Liefern Sie bitte an folgende Adresse:
Veuillez prendre note de la nouvelle adresse de nos bureaux.	Bitte beachten Sie die neue Anschrift unserer Büros.

Den Versand anzeigen

Nous avons le plaisir de vous informer que nous avons expédié aujourd'hui les marchandises, conformément à votre commande.	Es freut uns, Ihnen mitteilen zu können, dass wir heute die Waren gemäß Ihrer Bestellung abgesandt haben.
Conformément à votre ordre les marchandises vous seront livrées lundi matin.	Auftragsgemäß werden Ihnen die Waren am Montagmorgen zugestellt (werden).

La commande N° 5 sera prête à l'envoi à partir du 5 mai. Veuillez nous indiquer les modalités de réception des marchandises.	Die Bestellung Nr. 5 wird ab dem 5. Mai versandbereit sein. Bitte teilen Sie uns mit, in welcher Form Sie die Lieferung entgegenneh-men.
Nous attirons votre attention sur le fait que vous devrez vous-même réceptionner la marchandise.	Wir machen Sie darauf aufmerksam, dass Sie persönlich die Ware in Empfang nehmen müssen.

Die Versandart beschreiben

Les marchandises seront livrées dans des caisses anti-chocs hermétiquement scellées.	Die Waren werden in luftdicht versiegelten, stoßfesten Kisten verschickt (werden).
La documentation demandée vous a été envoyée / adressée…	Die angeforderten Unterlagen wurden Ihnen … zugeschickt.
sous pli séparé	mit getrennter Post
en recommandé	per Einschreiben
par exprès / par colis express	per Eilboten / per Expressgut

Anmerkungen

- Wenn zwei Verben in einem Satz dasselbe Subjekt haben, können Sie oft auf das **Participe présent** zurückgreifen:
  Nous référant à votre commande, nous vous informons que…
- Vergessen Sie nicht die Präposition **à** bei den Ausdrücken **se référer à**, **conformément à**, **être prêt/e à**.
- Merken Sie sich die Bedeutung des Verbs **se faire** – *erfolgen* in der Wendung **L'envoi se fera par camion.**
- Beachten Sie, dass in Wendungen wie **la marchandise vous sera livrée / la livraison sera effectuée / la documentation vous a été envoyée** das Passiv benutzt wird. Da diese Form weniger persönlich klingt, wird sie in Geschäftsbriefen dem Aktiv vorgezogen.
- Merken Sie sich diese Wörter:
  livrer – *liefern*, **la livraison** – *Lieferung*, **le livreur** – *(Waren-)Auslieferer*, **livrable** – *lieferbar;*
  aber: **le fournisseur** – *Lieferant;*
  expédier – *versenden*, **l'expédition** – *Versand*, **l'expéditeur** – *Absender.*
- Man kann sagen: **Nous ne sommes pas en mesure de…**, **Nous sommes / Nous nous voyons dans l'imposibilité de…**
- Verwechseln Sie nicht **par exprès** – *Eilzustellung* und **par colis express** – *per Expressgut*.

Sie sind dran!

1 Schreiben Sie Frau Leroux und präzisieren Sie die gewünschten Lieferbedingungen für die von Ihnen bestellten Waren: Lieferung vor 15.11. per See- und Bahnfracht, ab Fabrik Bocuir bis zu Ihrem Lager, geliefert verzollt.

2 Vervollständigen Sie dieses Schreiben, damit der Käufer weiß, bis wann er mit seinen roten Socken rechnen kann.

Vous (1) ________________ le 30 janvier dernier une commande de 500 paires de chaussettes rouges. Ces marchandises sont (2) ________________ et peuvent donc vous (3) ________________ mercredi prochain.

3 Hier kann nicht vor dem französischen Nationalfeiertag geliefert werden. Ergänzen Sie!

Nous regrettons de devoir (1) ________________ que (2) ________________ d'incidents techniques nous ne sommes pas (3) ________________ de livrer votre commande (4) ________________ le 14 juillet. A moins de recevoir (5) ________________ de votre part, nous (6) ________________ que votre commande (7) ________________ .

4 Der Champagner kommt zum Glück pünktlich! Füllen Sie die Lücken.

(1) ________________ à votre ordre, les 10 caisses de champagne vous seront (2) ________________ mardi matin par colis (3) ________________ , (4) ________________ de port (5) ________________ à Rouen. Soyez (6) ________________ nous avons apporté (7) ________________ à l'exécution de votre commande.

▶ Lösung auf Seite 167

Lerntipps

- Schreiben Sie die Wörter und Ausdrücke, die Sie schlecht behalten, auf kleine Zettel oder Kärtchen: eine Seite Französisch, die andere Deutsch. So ist es Ihnen möglich, sie oft zu wiederholen, ohne dabei das Buch mitnehmen zu müssen.

11 Zahlungserinnerungen

Herr Collard, Buchhalter bei Bocuir, hat gerade festgestellt, dass Herr Osborn den vor einem Monat ausgeführten Auftrag noch nicht bezahlt hat. Er verfasst ein höfliches Erinnerungsschreiben.

Ets BOCUIR & FILS
Maroquinerie

2, rue Thumesnil · 59000 Lille Cedex · Tél. : 03 38 37 02 25 · Fax : 03 38 47 12 26
info@etsbocuir.fr · www.etsbocuir.fr

Monsieur Roger Osborn
22 Brockington Road
Hereford HRI 18B
Angleterre

V/Référence : commande 128
N/Référence : facture 133

Lille, le 9 mai 20...

1 ____________________,

Nous vous avons adressé le 7 avril notre facture N° 133 2 ____________________ la commande 3 ____________________.

Or, 4 ____________________ de ne pas être, à ce jour, en possession de votre règlement.
5 ____________________, d'une erreur ou d'une omission de votre part.

6 ____________________ de nous 7 ____________________ dès que possible.

8 ____________________, nous vous demandons d'avoir l'obligeance
9 ____________________.

10 ____________________, Monsieur, nos salutations distinguées.

Collard André

André Collard
Service Comptabilité

Brief 13: Lösung auf Seite 160

Helfen Sie ihm beim Aufsetzen des Mahnschreibens mit folgenden Begriffen:

1. *Die Anrede:*
   Cher Osborn
   Cher Monsieur
   Monsieur
2. *„betreffend“:*
   relative à
   touchant
   se rapportant
3. *„oben erwähnt“:*
   référée ci-dessus
   mentionnée ci-dessus
   nommée ci-dessous
4. *Sein Erstaunen äußern:*
   nous sommes choqués
   nous sommes surpris
   c'est choquant
5. *„Es handelt sich zweifellos“:*
   Il s'agit, sans aucun doute
   Il est sûrement question
   Ceci traite certainement
6. *Um etwas bitten:*
   Nous vous serions reconnaissants
   Vous nous honoriez
   Nous vous exhortons
7. *Um Zahlung bitten:*
   envoyer l'argent
   rémunérer
   faire parvenir votre versement
8. *„Falls Sie die Rechnung schon beglichen haben“:*
   Si vous aviez, toutefois, procédé à ce règlement
   Si vous y avez déjà pensé
   Si vous avez déjà transféré l'argent
9. *„dieses Schreiben als gegenstandslos zu betrachten“:*
   d'ignorer ce rappel
   de ne pas tenir compte de cette lettre
   de ne pas prendre note de cet avis
10. *Die Grußformel:*
    Acceptez
    Nous vous envoyons
    Nous vous prions d'agréer

Textbausteine

Sich auf die Rechnung beziehen

Nous avons envoyé le… la facture dont vous trouverez le double ci-joint.	Beiliegend eine Kopie unserer Rechnung, die wir Ihnen am … zugehen ließen.
Nous vous écrivons au sujet de notre compte impayé de…	Wir beziehen uns auf den noch ausstehenden Betrag von …
Nous aimerions attirer votre attention sur notre facture du…	Wir möchten Sie hiermit auf unsere Rechnung vom … hinweisen.
Nous vous avons adressé le… *(date)* une facture N°…, relative à votre commande…	Wir haben Ihnen am … eine Rechnung Nr. … bezüglich Ihrer Bestellung … geschickt.
Nous vous avons fait parvenir le… une facture N°… concernant la commande mentionnée ci-dessus.	Wir haben Ihnen am … eine Rechnung Nr. … betreffend Ihre oben genannte Bestellung zugehen lassen.

Eine Zahlungserinnerung schicken

Nous nous permettons de vous rappeler que nous n'avons pas encore reçu de paiement. Nous vous serions reconnaissants de nous envoyer votre règlement dès que possible.	Wir möchten Sie daran erinnern, dass wir noch keine Zahlung erhalten haben. Wir wären Ihnen für eine umgehende Begleichung der Rechnung dankbar.
Comme votre compte n'a pas encore été soldé, nous vous prions de nous faire parvenir votre versement dès que possible.	Da Ihr Konto noch nicht ausgeglichen ist, bitten wir Sie, Ihre Überweisung baldmöglichst vorzunehmen.
Comme nous n'avons pas reçu d'avis de paiement de notre banque, nous vous serions reconnaissants de bien vouloir régler cette affaire.	Da wir von unserer Bank noch keine Zahlungsmitteilung erhalten haben, wären wir Ihnen dankbar, wenn Sie die Rechnung begleichen könnten.
Nous désirons vous rappeler que nos conditions sont de 30 jours net. Veuillez nous envoyer votre paiement dès que possible.	Wir möchten Sie daran erinnern, dass unsere Bedingungen 30 Tage netto lauten. Bitte begleichen Sie die Rechnung baldmöglichst.
Notre service... nous signale ce jour que nous ne sommes toujours pas en possession de votre règlement.	Unsere ... Abteilung macht uns heute darauf aufmerksam, dass wir Ihre Zahlung immer noch nicht erhalten haben.

Falls der Kunde die Rechnung schon beglichen hat

Si vous avez déjà réglé la facture, veuillez ne pas tenir compte de ce rappel.	Sollten Sie die Rechnung schon beglichen haben, so betrachten Sie diese Erinnerung bitte als gegenstandslos.
Dans le cas où vous auriez déjà effectué ce paiement, nous vous demandons de bien vouloir ne pas tenir compte de cette relance.	Sollten Sie die Zahlung bereits vorgenommen haben, so betrachten Sie diese Zahlungserinnerung bitte als gegenstandslos.
Si vous aviez, toutefois, procédé à ce règlement, nous vous demandons d'avoir l'obligeance de ne pas tenir compte de cette lettre.	Falls Sie jedoch die Rechnung schon beglichen haben, bitten wir Sie, diesen Brief als gegenstandslos zu betrachten.

Eine zweite Mahnung schicken

Nous tenons à vous rappeler que votre facture N°... datée du... n'est pas encore réglée et nous vous demandons de vous acquitter de votre dette dans les plus brefs délais.	Wir möchten daran erinnern, dass unsere Rechnung Nr. ... vom ... noch nicht beglichen wurde, und bitten Sie, den fälligen Betrag umgehend zu begleichen.
N'ayant reçu aucune réponse à notre lettre du... vous rappelant le paiement de notre facture N°..., nous vous demandons de régler la somme due dans les plus brefs délais.	Da wir keine Antwort auf unser Schreiben vom ... erhielten, in dem wir darauf hinwiesen, dass die Rechnung Nr. ... noch nicht bezahlt wurde, bitten wir Sie, den ausstehenden Betrag umgehend zu begleichen.

Vous trouverez ci-joint un relevé de compte. Convaincus qu'il s'agit d'un oubli de votre part, mais ayant déjà envoyé un premier rappel, nous devons néanmoins insister pour que ce paiement se fasse sous huitaine.	Anbei erhalten Sie einen Kontoauszug. Sicher handelt es sich hierbei um ein Versehen Ihrerseits; da wir aber bereits eine Zahlungserinnerung geschickt haben, müssen wir darauf bestehen, dass die Zahlung innerhalb der nächsten acht Tage erfolgt.

Eine letzte Mahnung schreiben

Malgré deux lettres de rappel envoyées le... et le..., nous sommes surpris de constater que le montant de notre facture N° ... reste impayé et que ce retard est de trois mois / se monte à trois mois.	Obwohl Ihnen am ... und am ... zwei Zahlungserinnerungen zugingen, müssen wir mit Erstaunen feststellen, dass der Betrag unserer Rechnung Nr. ... noch immer aussteht und nun bereits seit drei Monaten überfällig ist.
Comme nos trois lettres de rappel sont restées sans réponse, nous nous voyons obligés de vous mettre en demeure de régler la somme de ... sous 48 heures.	Da unsere drei Zahlungserinnerungen unbeantwortet geblieben sind, sehen wir uns gezwungen, Sie aufzufordern, den Betrag von ... binnen 48 Stunden zu bezahlen.
Comme nous n'avons rien reçu de votre part, nous nous voyons contraints de procéder au recouvrement (de cette dette) par voie judiciaire / de droit, à moins de recevoir le paiement sous huitaine.	Da wir keine Antwort von Ihnen erhielten, werden wir rechtliche Schritte (gegen Sie) einleiten müssen, falls die Rechnung nicht innerhalb der nächsten acht Tage beglichen wird.
A moins de recevoir votre règlement dans les huit jours, nous serons dans l'obligation de confier l'affaire à notre service du contentieux.	Sollten wir Ihre Zahlung nicht innerhalb einer Woche erhalten, werden wir die Angelegenheit unserer Rechtsabteilung übergeben müssen.

Antwort auf ein Mahnschreiben

J'ai le regret de vous informer que nous ne retrouvons pas trace de la facture N° 27. Nous vous saurions gré de nous en envoyer un double afin que nous puissions procéder au paiement.	Ich muss Ihnen leider mitteilen, dass sich die Rechnung Nr. 27 nicht auffinden lässt. Wir wären Ihnen dankbar, wenn Sie uns eine Kopie dieser Rechnung zugehen lassen würden, so dass wir die Zahlung veranlassen können.
Le retard de règlement de notre compte impayé N°... a été dû à une erreur informatique de notre service comptable.	Die Verzögerung bei der Begleichung des offenstehenden Kontos Nr. ... ist auf einen Computerfehler in unserer Rechnungsabteilung zurückzuführen.
Veuillez accepter nos excuses pour ce contretemps et soyez assurés de recevoir ce règlement sous peu.	Wir bitten um Entschuldigung für die Ihnen entstandenen Unannehmlichkeiten und versichern Ihnen, dass die Zahlung in Kürze bei Ihnen eingehen wird.
Veuillez nous excuser du retard de paiement de votre facture N° 23 mais nous avons récemment rencontré des problèmes de liquidités.	Bitte entschuldigen Sie die Verzögerung bei der Zahlung Ihrer Rechnung Nr. 23, doch wir hatten in letzter Zeit einige Cashflow-Probleme.

Nous vous serions reconnaissants de bien vouloir nous accorder un nouveau crédit de 30 jours.	Wir wären Ihnen dankbar, wenn Sie uns einen weiteren Kredit von 30 Tagen einräumen könnten.
A notre grand regret, des événements imprévus ont perturbé notre gestion. Il s'avère que nous ne sommes pas actuellement en mesure d'effectuer le règlement. Nous vous serions très reconnaissants de bien vouloir reporter l'échéance au... *(date)*.	Leider haben unerwartete Ereignisse unsere Betriebsführung gestört, so dass wir zur Zeit nicht in der Lage sind, Ihre Rechnung zu begleichen. Wir wären Ihnen sehr dankbar, wenn Sie den Zahlungstermin auf den ... *(Datum)* hinausschieben könnten.

Anmerkungen

- **Si vous aviez procédé au règlement de la facture, nous ne vous aurions pas envoyé cette lettre de rappel.**
  Sie kennen die Regel: Wenn Sie ein unrealistisches, nicht mögliches Geschehen oder Ereignis beschreiben wollen, setzen Sie das Verb im **Si**-Satz in das Plusquamperfekt und das Verb des Hauptsatzes in die Vergangenheitsform des Konditionals.
  Handelt es sich jedoch um eine sehr höfliche Annahme, die realistisch, möglich ist (Adverbien wie **déjà**, **toutefois** deuten dies an), steht das Verb des Hauptsatzes im Präsens:
  Si vous aviez, toutefois, procédé à ce règlement, nous vous demandons de ne pas tenir compte de cette relance.

- Um den ultimativen Charakter einer allerletzten Zahlungsaufforderung zu betonen, verwenden Sie im Französischen die Wendung **mettre quelqu'un en demeure (de payer)**.

- Auch durch den – natürlich immer noch höflichen – Ton eines wiederholten Mahnschreibens können Sie Ihrer Forderung Nachdruck verleihen. Vergleichen Sie die folgenden Sätze:

– sehr freundlich: **Nous vous serions reconnaissants de bien vouloir effectuer votre règlement...**
– neutral bis trocken: **Nous vous demandons de vous acquitter de votre dette...**
– sehr trocken bis verärgert: **Nous nous voyons obligés de vous mettre en demeure de payer...**

Sie sind dran!

1 1. Mahnung:

Comme votre compte n'a pas (1) ________________, nous vous (2) ________________ de bien vouloir nous (3) ________________ votre règlement (4) ________________ possible. Dans le cas où vous (5) ________________ celui-ci, nous vous demandons de (6) ________________ de cette lettre.

2 2. Mahnung:

Nous vous avons (1) ________________ le 13 août notre facture N° 31. Mais à ce jour nous n'avons pas encore (2) ________________ d'avis (3) ________________. Nous nous (4) ________________ de vous rappeler que nos (5) ________________ de 30 jours net. (6) ________________, sans nul doute, d'une omission ou (7) ________________ de votre part.

3 Letzte Mahnung:

Nous sommes (1) ________________ de n'avoir toujours pas, à ce jour, (2) ________________ de notre facture N° 10 (3) ________________ deux lettres de rappel. Nous (4) ________________ de ne plus pouvoir attendre votre (5) ________________, ayant nous-mêmes des engagements à respecter. Nous nous voyons (6) ________________ procéder (7) ________________ de cette dette par (8) ________________, (9) ________________ recevoir le paiement dans les 48 heures.

▶ Lösung auf Seite 168

Lerntipps

- Bevor Sie mit dem nächsten Kapitel beginnen, wiederholen Sie doch einige Wendungen, z. B. vom vorletzten Kapitel. Verdecken Sie den französischen Teil und übersetzen Sie.

  Sie haben bestimmt fast alles richtig gemacht! Wenn nicht, versuchen Sie es an einem anderen Tag wieder.

12 Reklamationen

Frau Leroux von der Verkaufsabteilung erhält einen Beschwerdebrief von Carlo Vasconti, einem treuen Kunden aus Italien. Er beanstandet, dass die bestellten Waren zu spät geliefert wurden und zum Teil der Bestellung nicht entsprechen.

CARLO VASCONTI

via Pier De Crescenci, 15
40131 Bologna

Tel. 051-524368
Fax. 051-523307

BOCUIR & FILS
A l'attention de Madame Leroux
2, rue Thumesnil
F – 59000 Lille Cedex

Bologne, le 28 mai 20…

Objet : Notre commande N° 97

(1) ____________________ ,

Le 2 mai, (2) ____________________ notre commande N° 97 dont vous trouverez ci-joint une photocopie. La livraison des marchandises était prévue pour le 16 mai (3) ____________________ .

Or, elle (4) ____________________ le 26 mai. Ce retard de 10 jours nous a mis dans un grand embarras, étant donné que plusieurs clients attendaient avec impatience certains articles.

(5) ____________________ de vous faire part d'un autre sujet de mécontentement. En effet, (6) ____________________ de l'envoi, (7) ____________________ que la couleur des valises livrées ne correspondait pas à la commande : nous désirions des valises noires et non des rouges.

Nous acceptons cependant de les garder si vous nous accordez (8) ____________________ .

Nous sommes d'autant plus surpris de devoir (9) ____________________ que nous avons été, jusqu'à présent, très satisfaits de la qualité de vos produits et de l'efficacité de vos services.

Persuadés que (10) ____________________ , nous vous prions d'agréer, Madame, nos salutations distinguées.

Carlo Vasconti

WWW.VASCONTI.COM

▶ Brief 14: Lösung auf Seite 160

Vervollständigen Sie Carlo Vascontis Brief mit Hilfe folgender Begriffe:

1 *Die Anrede:*
Madame
Chère Sylvie
Chère Madame

2 *Etwas übermitteln:*
nous vous avons donné
nous vous avons transmis
nous vous avons remis

3 *„spätestens“:*
le plus tard
sur le tard
au plus tard

4 *Eine Lieferverzögerung mitteilen:*
ne nous est parvenue que
ne fut reçue que
est seulement arrivée

5 *Sein Bedauern äußern:*
C'est regrettable
Excusez-nous
Nous nous voyons au regret

6 *„bei der Prüfung“:*
selon la vérification
au cours de l'examination
en procédant à la vérification

7 *„wir haben festgestellt“:*
nous avons fixé
nous avons constaté
nous avons déterminé

8 *„einen großzügigen Preisnachlass“ gewähren:*
une réduction valable
une remise très acceptable
une réduction de prix importante

9 *„diesen Schritt unternehmen“:*
entreprendre cette démarche
faire ce pas
prendre la mesure

10 *Um Zustimmung bitten:*
vous acceptez notre sollicitation
vous consentirez à notre demande
vous exaucerez notre prière

Textbausteine

Einen Lieferverzug reklamieren

Les marchandises que nous avons commandées le 5 octobre ne nous sont pas encore parvenues à ce jour.	Die Ware, die wir am 5. Oktober bestellt haben, ist bisher noch nicht eingetroffen.
Bien que la date de livraison ait été prévue pour le 6 avril, nous n'avons pas encore été livrés. Ce retard nous met dans le plus grand embarras.	Obwohl als Liefertermin der 6. April vereinbart war, sind wir immer noch nicht beliefert worden. Diese Verzögerung bringt uns in größte Verlegenheit.
Le délai de livraison fixé est dépassé de 8 jours.	Die vereinbarte Lieferfrist ist bereits um 8 Tage überschritten.
Nous avons le regret de devoir vous informer que notre commande N° 56, qui aurait dû être livrée le 1er avril, est maintenant en retard de 2 semaines.	Leider müssen wir Ihnen mitteilen, dass die Lieferung (Bestell-Nr. 56), die am 1. April bei uns hätte eingehen sollen, seit 2 Wochen überfällig ist.

Comme notre commande a été passée sous réserve de recevoir la marchandise avant le 15 avril, nous sommes contraints de prendre un autre fournisseur.	Da unsere Bestellung unter der Bedingung erfolgte, dass wir die Lieferung vor dem 15. April erhalten, sehen wir uns gezwungen, uns an einen anderen Lieferanten zu wenden.

Eine zweite Reklamation formulieren (mit größerem Nachdruck)

Par notre lettre du..., nous vous avons signalé un retard de livraison incompréhensible. Or, vous n'avez toujours pas livré à ce jour les pièces détachées dont nous avons expressément besoin.	In unserem Brief vom ... hatten wir Ihnen einen unverständlichen Lieferverzug mitgeteilt. Sie haben jedoch die von uns dringend benötigten Ersatzteile bislang immer noch nicht geliefert.
Nous vous mettons donc en demeure de nous livrer sous 48 heures.	Wir fordern Sie daher auf, uns die Lieferung binnen 48 Stunden zuzustellen.
Si à l'expiration de ce nouveau délai, nous ne sommes pas en possession de la marchandise, nous vous rendrons responsables du préjudice subi.	Falls wir nach Ablauf dieser neuen Frist nicht im Besitz der Ware sind, werden wir Sie für den uns entstandenen Schaden verantwortlich machen.
Je regretterais de devoir changer de fournisseur dans l'espoir d'obtenir un meilleur service.	Ich würde nur ungern zu einem anderen Anbieter – mit hoffentlich besserem Service – überwechseln.
La perturbation dans notre production, causée par l'incompétence de votre société, s'est révélée très grave. Aussi avons nous été contraints de nous fournir auprès d'un autre fabricant, à notre grand désagrément.	Die aufgrund der Inkompetenz Ihrer Firma eingetretene Produktionsunterbrechung hat uns in ernste Schwierigkeiten gebracht. Wir waren deshalb gezwungen, unseren Bedarf bei einem anderen Hersteller zu decken, und hatten dadurch größte Unannehmlichkeiten.

Schäden nach Auslieferung der Ware melden

Nous avons pris livraison le 2 décembre de notre commande N° 51. Cependant, il manquait plusieurs caisses et d'autres avaient été endommagées.	Am 2. Dezember erhielten wir Ihre Lieferung (Bestell-Nr. 51). Allerdings fehlten einige Kisten, andere waren beschädigt.
Lors de la réception de notre commande N° 77 nous avons découvert que les boîtes d'emballage ont été ouvertes et des articles retirés.	Bei Entgegennahme Ihrer Lieferung (Bestell-Nr. 77) stellten wir fest, dass die Verpackungskisten aufgebrochen waren und einige Teile entfernt worden sind.
En procédant à la vérification de l'envoi, nous avons constaté que la plupart des articles livrés sont sérieusement endommagés.	Bei der Prüfung der Sendung haben wir festgestellt, dass die gelieferten Artikel größtenteils stark beschädigt sind.
Nous avons le regret de vous informer que la marchandise livrée ce matin est en mauvais état. Veuillez trouver ci-joint une liste des articles endommagés.	Wir müssen Ihnen mitteilen, dass die bestellten Waren uns heute Morgen in mangelhaftem Zustand zugestellt wurden. Eine Aufstellung aller beschädigten Teile liegt bei.

Infolge der Schadensfeststellung unternommene Schritte

En conséquence, nous avons annoté le bon de livraison.	Wir haben eine entsprechende Notiz auf dem Lieferschein vermerkt.
Nous avons rapporté le dommage au transporteur et nous garderons les caisses abîmées et leur contenu pour contrôle.	Wir haben dem Spediteur den Schaden gemeldet und behalten vorläufig die defekten Kisten und ihren Inhalt zwecks Überprüfung.
Nous avons procédé à une expertise sur le dommage causé. Une copie du rapport a été envoyée à notre compagnie d'assurance.	Wir haben eine Schadensaufnahme vorgenommen. Eine Kopie des Gutachtens wurde unserer Versicherung zugeschickt.

Auf einen Fehler bei der Zusammenstellung des Auftrags hinweisen

Nous avons été surpris de constater que la commande n'a pas été livrée dans sa totalité. Veuillez faire les vérifications nécessaires.	Wir waren überrascht, feststellen zu müssen, dass die Ware nicht vollständig geliefert wurde. Wir bitten um Überprüfung.
Les articles ne sont pas conformes / ne correspondent pas aux indications de notre commande.	Die Artikel entsprechen nicht den Angaben unserer Bestellung.
Nous attirons votre attention sur le fait qu'un lot des articles fournis ne correspond pas à la couleur et un autre à la taille commandées. Nous vous retournons ces deux lots et vous prions d'effectuer leur remplacement dès que possible.	Wir möchten Sie darauf hinweisen, dass ein Teil der gelieferten Ware die falsche Farbe und ein anderer die falsche Größe hat. Wir senden diese Posten zurück und bitten Sie um schnellstmöglichen Ersatz.

Lösungen anbieten

Nous vous prions de reprendre / remplacer / rembourser la marchandise dans les plus brefs délais.	Wir bitten Sie, die Ware unverzüglich zurückzunehmen / zu ersetzen / zu erstatten.
Nous vous saurions gré de faire le nécessaire pour que les articles suivants soient remplacés et envoyés dès que possible.	Wir wären Ihnen dankbar, wenn Sie so bald wie möglich für eine Ersatzlieferung folgender Artikel sorgen könnten.
Nous vous retournons les articles en question. Veuillez nous créditer de la valeur des produits retournés.	Wir schicken die betreffenden Artikel zurück. Bitte schreiben Sie uns den Wert der retournierten Waren gut.
Veuillez faire le nécessaire pour rembourser le montant des marchandises abîmées.	Bitte sorgen Sie für die Erstattung des Kaufpreises der beschädigten Ware.
Nous sommes prêts à garder ces marchandises inadéquates, mais avec une réduction de prix importante.	Wir sind bereit, diese falsch gelieferte Ware zu behalten, jedoch nur mit einem deutlichen Preisnachlass.
Si vous déduisiez la somme de 100 € de notre commande, nous considérerions l'incident comme clos.	Sofern Sie uns bei unserer Bestellung 100 € erlassen, betrachten wir die Angelegenheit als erledigt.

Eine Rechnung zurückweisen

Après vérification, il s'avère que votre facture N° 43 comporte / présente une erreur.	Bei Prüfung Ihrer Rechnung Nr. 43 wurde ein Fehler festgestellt.
Une erreur s'est glissée dans votre facture / vos calculs.	In Ihre Rechnung / Kalkulation hat sich ein Fehler eingeschlichen.
Notre service comptabilité a constaté que votre facture n'était pas conforme à notre commande.	Unsere Buchhaltung hat festgestellt, dass Ihre Rechnung nicht mit unserer Bestellung übereinstimmt.
Nous avons constaté un certain nombre d'anomalies dans votre dernière facture. Nous vous saurions gré de la vérifier et de procéder aux rectifications d'usage.	In Ihrer letzten Rechnung stießen wir auf einige Unstimmigkeiten. Wir wären Ihnen dankbar, wenn Sie sie überprüfen und berichtigen würden.
Il apparaît que dans la facture N° 88 vous avez omis de déduire la remise convenue de 2%.	Offensichtlich haben Sie in Rechnung Nr. 88 versäumt, uns die zugesagten 2 % Nachlass zu gewähren.
Nous constatons que vous avez compté des frais d'assurance supplémentaires qui ne figuraient pas dans notre accord initial.	Wir stellen fest, dass Sie uns zusätzliche Versicherungskosten berechnet haben, die im Originalvertrag nicht vereinbart waren.
Nous aimerions avoir des explications sur les / quant aux frais d'emballage qui nous paraissent anormalement élevés.	Wir möchten um eine Erklärung bezüglich der Verpackungskosten bitten, die uns ungewöhnlich hoch erscheinen.

Sich über den schlechten Service beschweren

Je regrette de devoir me plaindre du service déplorable fourni par l'un de vos techniciens de maintenance.	Bedauerlicherweise muss ich mich über den unglaublich schlechten Service einer Ihrer Wartungstechniker beschweren.
Non seulement il est arrivé avec 3 heures de retard, mais il a refusé de nettoyer la machine qu'il avait réparée, et il s'est montré extrêmement impoli.	Er erschien nicht nur 3 Stunden zu spät, sondern war auch nicht bereit, die Maschine zu säubern, die er repariert hatte. Außerdem war er äußerst unhöflich.

Anmerkungen

- Vergessen Sie nicht, dass das Partizip der Verben, die das Perfekt mit **être** bilden, sich in Geschlecht und Zahl nach dem Subjekt des Satzes richtet:
  La livraison nous est bien parvenue.
  Madame Leroux et sa secrétaire sont parvenues à resoudre ce problème.

- Merken Sie sich, dass die Vergangenheitsformen **Passé immédiat** und **Passé simple** sehr selten in Geschäftsbriefen benutzt werden. Das **Passé simple** ist literarisch. Das **Passé immédiat** finden Sie nur in Wendungen wie:
  Nous venons de recevoir…, Nous venons d'apprendre que…

- Das **imparfait** gibt meist einen Zustand, den Verlauf von Vorgängen und Handlungen wieder: **Les clients attendaient les articles..., Nous désirions des valises noires...**
- Beachten Sie die Zeitenfolge im Französischen!
  Nous <u>avons constaté</u> que la livraison ne <u>correspondait</u> pas à la commande.
  Aber: **Nous <u>constatons</u> que la livraison ne <u>correspond</u> pas à la commande.**
- Verwechseln Sie nicht:
  la demande – *An-/Nachfrage, Bitte* und **la commande** – *Bestellung,*
  être conforme à – *übereinstimmen mit* und **conformément à** – *gemäß,*
  l'erreur – *Irrtum, Versehen* und **la faute** – *Fehler, Schuld.*
  Zu den beiden letzten Begriffen merken Sie sich am besten die Sätze:
  Cette facture présente une erreur / des erreurs. L'erreur est humaine !
  Ce n'est pas de ma faute !
- Vergessen Sie nicht die Präposition **de** nach den Ausdrücken **être au regret de, faire part de, être surpris/e de, être satisfait/e de.**
- Nach dem Verb **attendre** steht keine Präposition: **Les clients attendent vos articles.** Beachten Sie, dass nach **attendre que** der **Subjonctif** folgt: **Les clients attendent que la livraison soit exécutée rapidement.**

Sie sind dran!

1 Weisen Sie eine fehlerhafte Rechnung – vollständig – zurück:

Nous (1) ____________________ le 13 octobre votre facture No 567. Cependant, nous avons constaté, (2) ____________________, que celle-ci (3) ____________________ des erreurs. Nous vous serions donc reconnaissants de bien vouloir procéder aux
(4) ____________________.
(5) ____________________, nous vous en remercions.

2 Ergänzen Sie diese mit größerem Nachdruck formulierte Reklamation.

Les marchandises que nous (1) ____________________ le 15 juillet ne nous sont pas (2) ____________________ à ce jour. Le délai de livraison fixé (3) ____________________ depuis 10 jours. Nous vous mettons donc (4) ____________________ de nous livrer (5) ____________________ 48 heures.

3 Hier wird eine schadhafte Lieferung beanstandet. Ergänzen Sie!

Lors de (1) ____________________ de notre commande, nous (2) ____________________ que la qualité des articles livrés ne (3) ____________________ pas aux échantillons soumis. En (4) ____________________, nous vous demandons de (5) ____________________ la marchandise dans les (6) ____________________.

4 Der Verfasser dieses Schreibens droht gar mit einem Wechsel des Zulieferers. Wie muss es korrekt heißen?

Nous attirons (1) ____________________ sur le fait que nous ne sommes toujours pas (2) ____________________ de la marchandise commandée le 2 novembre. Nous sommes donc (3) ____________________ de (4) ____________________ un autre fournisseur.

▶ Lösung auf Seite 168

13 Reklamationen beantworten

Frau Leroux beantwortet den Beschwerdebrief, den ihr Herr Vasconti geschickt hat.

Ets BOCUIR & FILS
Maroquinerie

2, rue Thumesnil · 59000 Lille Cedex · Tél. : 03 38 37 02 25 · Fax : 03 38 47 12 26
info@etsbocuir.fr · www.etsbocuir.fr

Monsieur Carlo Vasconti
via Pier De Crescenci, 15
I – 40131 Bologne

Lille, le 2 juin 20…

Cher Monsieur,

1 ________________ d'apprendre par votre lettre du 28 mai que notre dernier envoi vous est parvenu avec 10 jours de retard et qu'une partie de la livraison ne 2 ________________ pas à votre commande.

3 ________________.

Nous avons donc immédiatement effectué les recherches nécessaires pour 4 ________________. Il s'avère que notre transporteur, 5 ________________, n'a pas été en mesure de vous livrer comme convenu. En outre, il a omis de nous en informer.

6 ________________ des articles non conforme à votre ordre, 7 ________________ due à une confusion entre des références d'articles.

8 ________________.

Comme vous signalez dans votre lettre que vous êtes prêt à garder les valises, nous vous les facturerons à 50% du prix du catalogue.

Nous espérons que 9 ________________ nos relations commerciales.

10 ________________, nous vous prions de croire, Cher Monsieur, à l'expression de nos sentiments les plus dévoués.

Leroux

Sylvie Leroux
Service des Ventes

▶ Brief 15: Lösung auf Seite 160

Helfen Sie Frau Leroux, mit Hilfe folgender Begriffe eine Entschuldigung zu formulieren:

1. *Sein Bedauern ausdrücken:*
   Désolés
   Nous avons été navrés / Nous sommes désolés
   Déplorant

2. *Welche Zeitform ist richtig?*
   correspondait
   a correspondu
   correspondrait

3. *Die Unzufriedenheit des Kunden verstehen:*
   Votre insatisfaction se comprend parfaitement
   Votre colère s'explique très bien
   Votre mécontentement est tout à fait compréhensible

4. *Die Ursache der Verzögerung herausfinden:*
   découvrir les raisons de ce contretemps
   expliquer les causes de ces ennuis
   trouver les coupables

5. *Die Lieferverzögerung erklären:*
   à cause de sa mauvaise organisation
   en raison de son emploi du temps
   suite à des problèmes d'organisation

6. *„Was die Lieferung betrifft":*
   Correspondant à la livraison
   Quant à la livraison
   Pour ce qui est de la livraison

7. *Einen Fehler einräumen:*
   nous avons commis une erreur
   nous sommes en faute
   il s'agit d'une erreur

8. *Sich entschuldigen:*
   Mille excuses
   Veuillez accepter nos sincères excuses
   Excusez-nous, s'il vous plaît

9. *„dieser Vorfall wird … nicht beeinträchtigen":*
   cet accident n'aura pas atteint
   cet incident n'altérera pas
   cette infortune ne touchera pas

10. *Sich für das Verständnis bedanken:*
   Nous vous remercions de votre compréhension
   Merci d'être compréhensif
   En vous remerciant de votre compréhension

Textbausteine

Den Erhalt einer Reklamation bestätigen

Nous avons bien reçu votre lettre du... nous annonçant que...	Wir haben Ihren Brief vom ... erhalten, in dem Sie uns mitteilen, dass ...
Nous vous remercions de votre lettre du... nous informant que...	Vielen Dank für Ihren Brief vom ..., der uns davon in Kenntnis setzte, dass ...
Nous sommes désolés d'apprendre...	Es tut uns leid, erfahren zu müssen, ...
Nous avons été navrés d'apprendre par votre lettre du... que...	Es tat uns sehr leid, aus Ihrem Brief vom ... zu erfahren, dass ...
Par votre lettre du..., vous nous faites part de...	In Ihrem Schreiben vom ... teilen Sie uns mit, dass...

Lieferverzögerungen erklären

Nous sommes navrés de n'avoir encore pu satisfaire votre commande N° 543. Ceci est dû à un conflit ouvrier à notre usine de Valenciennes. La livraison sera effectuée dès que la grève aura cessé.	Wir bedauern, dass wir die von Ihnen bestellte Ware (Bestell-Nr. 543) wegen eines Arbeitskampfes in unserem Werk in Valenciennes noch nicht liefern konnten. Sobald der Streik beendet ist, wird die Lieferung erfolgen.
Nous nous excusons du retard, mais un incendie a causé des dégâts dans notre entrepôt. Nous serons en mesure de livrer dans 3 semaines.	Wir entschuldigen uns für die Verzögerung, doch unser Lager wurde kürzlich durch ein Feuer beschädigt. Wir werden in 3 Wochen liefern können.
Veuillez accepter nos sincères excuses pour le retard et la gêne que cela vous aura causé. Nous avons fait en sorte que les marchandises fournies en remplacement vous soient immédiatement expédiées.	Wir bitten sehr, die Verzögerung und die Schwierigkeiten, die Ihnen dadurch entstanden sind, zu entschuldigen. Wir haben dafür gesorgt, dass Ihnen die Ersatzware umgehend zugeht.
Ce retard est dû à des complications douanières. Nous faisons tout ce qui est en notre pouvoir pour vous faire parvenir ce chargement le plus tôt possible.	Diese Verzögerung ist durch Komplikationen beim Zoll bedingt. Wir tun alles in unserer Macht Stehende, damit Ihnen die Lieferung so bald wie möglich zugeht.
Nous sommes désolés de ce retard. Mais notre transporteur a omis de nous informer que, pour des raisons d'organisation, il n'a pas été en mesure de procéder à la livraison dans les délais convenus.	Wir bedauern diese Verzögerung. Doch unser Frachtführer vergaß, uns zu informieren, dass er aus organisatorischen Gründen nicht in der Lage war, die Lieferung innerhalb der vereinbarten Frist auszuführen.
Comme le retard n'est pas de notre fait, nous ne pouvons assumer aucune responsabilité, mais votre plainte a été transmise à notre compagnie d'assurance qui vous contactera en temps voulu.	Da diese Verzögerung nicht durch uns verschuldet wurde, können wir keine Haftung übernehmen. Ihre Beschwerde wurde jedoch an unsere Versicherung weitergeleitet, die sich zu gegebener Zeit mit Ihnen in Verbindung setzen wird.

Fehler einräumen

Nous regrettons vivement de vous avoir causé un inconvénient. L'anomalie sur votre facture est due à une erreur d'écriture. La rectification a été faite et nous vous adressons ci-joint la facture modifiée / un avoir.	Es tut uns sehr leid, Ihnen Anlass zur Beschwerde gegeben zu haben. Die Unstimmigkeiten in unserer Rechnung waren Folge eines Bearbeitungsfehlers. Wir haben dies berichtigt und fügen die geänderte Rechnung / eine Gutschrift bei.
Nous avons recherché la cause du problème et avons découvert qu'une erreur avait été faite au niveau comptabilité / au niveau de la frappe. La rectification a été faite depuis.	Wir sind der Ursache des Problems nachgegangen und mussten feststellen, dass ein Buchungsfehler / Tippfehler vorlag. Dieser wurde mittlerweile korrigiert.
Nous vous prions d'excuser cette erreur due à une confusion d'emballages / entre des références d'articles.	Wir bitten dieses Versehen zu entschuldigen, das auf eine Verwechslung der Verpackungen / zwischen den Bestellnummern zurückzuführen ist.

Maßnahmen ankündigen

Si vous êtes prêt à garder les produits endommagés, nous vous les facturerons à un prix réduit / à 50% du prix du catalogue.	Wenn Sie bereit sind, die beschädigte Ware zu behalten, werden wir sie Ihnen zu einem reduzierten Preis / mit einer Ermäßigung von 50 % auf den Listenpreis berechnen.
Nous avons été navrés d'apprendre que vous n'avez pas été satisfait du service de notre technicien de maintenance. Votre contrariété est tout à fait compréhensible. Nous effectuerons les recherches nécessaires pour découvrir la cause du problème.	Es tat uns leid zu erfahren, dass Sie mit dem Service unseres Wartungstechnikers nicht zufrieden waren. Ihre Verärgerung ist völlig verständlich. Wir werden die notwendigen Nachforschungen anstellen, um die Ursache des Problems herauszufinden.
Nous traitons l'affaire avec le transporteur et vous informerons du résultat de nos démarches.	Wir verhandeln mit dem Spediteur über die Angelegenheit und werden Sie vom Ergebnis in Kenntnis setzen.
Nous avons depuis, pris des mesures pour qu'une telle méprise ne se reproduise plus.	Wir haben mittlerweile Schritte unternommen, um sicherzustellen, dass ein derartiges Versehen in Zukunft nicht mehr vorkommt.

Anmerkungen

- Verwechseln Sie nicht:
  l'incident – *Vorfall* mit **l'accident** – *Unfall,*
  compréhensible – *begreifbar, verständlich* mit **compréhensif** – *einsichtig, verständig,*
  quant à – *betreffend* mit quand – *wenn, wann.*

- Wenn Sie eine Tatsache, die Sie zuvor erwähnt haben, betonen wollen, können Sie die folgenden Konjunktionen benutzen:
  de plus – *zudem, außerdem,* **d'autre part** – *andererseits,* **en outre** – *darüber hinaus,*
  par ailleurs – *außerdem:*
  En outre, le transporteur a omis de..., Par ailleurs, nous pouvons vous offrir...

- Wollen Sie die Aufmerksamkeit auf einen bestimmten Punkt oder Sachverhalt lenken, leiten Sie dies wie folgt ein:
  à propos de, au sujet de, en ce qui concerne, quant à... :
  Quant à la livraison non conforme..., A propos de votre suggestion...

- Achten Sie auf die Rechtschreibung des Partizips des Verbs **devoir**:
  Cet incident est dû à..., Cette erreur est due à...: Die weibliche Form bekommt keinen Akzent.

- Merken Sie sich einige Wendungen, um sich höflich zu entschuldigen:
  Nous vous prions de (bien vouloir) nous excuser.
  Veuillez accepter nos / mes sincères excuses.
  Vous voudrez bien nous / m'excuser de...

- Vergessen Sie nicht, wie die üblichen Grußformeln an eine Kundin oder einen Kunden lauten:
  Nous vous prions de croire, Monsieur, à l'expression de nos sentiments dévoués / les plus dévoués.
  Veuillez agréer, Madame, l'expression de mon sincère dévouement.

Sie sind dran!

1 Füllen Sie die Lücken in diesem höflichen Entschuldigungsschreiben.

Nous (1) ____________ d'apprendre (2) ____________ votre lettre du 10 mars que les boîtes de thon vous (3) ____________ sérieusement endommagées. Nous avons fait (4) ____________ que les marchandises fournies en remplacement (5) ____________ immédiatement (6) ____________.

2 Erklären Sie den in einer Rechnung aufgetretenen Irrtum.

L'anomalie sur notre facture du 6 juin (1) ____________ à une erreur de (2) ____________. En effet, nous vous avons (3) ____________ deux fois l'article N° 38. La rectification (4) ____________ et nous vous adressons (5) ____________ la facture (6) ____________.

3 Hier gab es offenbar Probleme bei der Zollabfertigung! Formulieren Sie die Entschuldigung aus.

Veuillez accepter nos (1) ____________ excuses pour le retard de livraison (2) ____________ des complications douanières. Nous faisons tout ce qui (3) ____________ notre pouvoir pour vous (4) ____________ ce chargement le (5) ____________ possible.

▶ Lösung auf Seite 168

Lerntipps

- Dieses Buch kann natürlich nicht alle gebräuchlichen Wendungen enthalten. Wenn Sie einen Brief auf Französisch bekommen, notieren Sie die Ausdrücke, die nicht in Ihrem Buch aufgeführt sind. So erweitern Sie Ihre Kenntnisse.

14 Verhandlungen und Vereinbarungen

Beim Durchgehen der Post stößt Frau Fosset auf eine unerwartete Anfrage. Besace, eine kanadische Firma, die u. a. Rucksäcke herstellt, bietet ein Partnerschaftsabkommen an: Bocuir soll die Besace-Produkte auf den europäischen Markt bringen; als Gegenleistung will Besace den Vertrieb von Bocuir-Produkten in Kanada übernehmen.

BESACE

www.besace.com

17, rue Notre-Dame Est | Montréal, P.Q. | H3Y IC3 | Canada
Tel. (514) 382-9099 | Fax (514) 382-9090 | info@besace.com

Ets Bocuir & Fils
A l'attention de Madame Fosset
2, rue Thumesnil
F – 59000 Lille Cedex

Montréal, le 10 juin 20…

Madame,

(1) ____________________ à Monsieur Fels de Munich que j'ai eu l'occasion de rencontrer au Salon International du cuir à Bruxelles.

Besace est une jeune entreprise familiale. Depuis sa création, il y a 5 ans, nous avons réussi à (2) ____________________ et à conquérir des parts de marché importantes aux Etats-Unis. Désirant étendre nos activités en Europe, (3) ____________________ d'une entreprise avec laquelle nous pourrions (4) ____________________.

Nous vous proposons (5) ____________________ de vos produits dans notre pays. (6) ____________________, vous diffuseriez les nôtres en Europe.

En effet, (7) ____________________ approfondies nous ont montré que les Européens s'intéressent de plus en plus à nos articles. Nous désirons donc être présents sur ce marché. De même, (8) ____________________ que le Canada représente (9) ____________________ pour vos produits haut de gamme.

- 2 -

- 2 -

Nous sommes sûrs que votre entreprise, tout comme la nôtre, (10) ______________ ce partenariat, puisque nos produits sont complémentaires : vous vous adressez à une clientèle qui aime l'élégance et le raffinement ; quant à nous, nous répondons aux besoins d'une clientèle sportive et passionnée de camping.

Nous espérons que cette proposition (11) ______________.

Dans l'attente d'une réponse positive de votre part, je vous prie d'agréer, Madame, l'hommage de mon respect.

Jean Langlais

P.S. : Vous trouverez ci-joint une brochure vous informant en détail sur nos articles.

1

▶ Brief 16: Lösung auf Seite 161

Setzen Sie nun das Angebot auf, das Besace Frau Fosset zugeschickt hat:

1. *„Wir verdanken Ihre Adresse“:*
   Nous avons eu votre adresse
   Nous devons votre adresse
   Votre adresse vient

2. *„unseren Umsatz verdreifachen“:*
   tripler notre chiffre d'affaires
   tripler nos recettes
   augmenter de 300% notre capital

3. *„wir sind auf der Suche nach“:*
   nous voulons sonder
   nous allons chercher
   nous sommes à la recherche

4. *„eine Partnerschaft aufbauen“:*
   établir un partenariat
   réaliser un échange
   construire un partenariat

5. *„unsere Dienste beim Vertrieb“:*
   nos services d'importation
   nos services de distribution
   nos services dans les ventes

6. *„Als Gegenleistung“:*
   Comme échange
   En échange
   Pour échange

7. *„Marktanalysen“:*
   des analyses mercantiles
   des études de marché
   des enquêtes de marché

8. *„Es ist Ihnen bekannt“:*
   Vous n'êtes pas sans savoir
   Vous n'êtes pas sans ignorer
   Vous ignorez sans doute

9. *„ein zukunftsträchtiger Markt“:*
   un marché porteur
   un marché possible
   un marché virtuel

10. *„könnte von … profitieren“:*
    pourrait profiter de
    gagnerait à
    pourrait croître grâce à

11. *„wird Ihr Interesse wecken“:*
    vous rendra attentif
    retiendra votre attention
    atteindra votre attention

Textbausteine

Sich auf die Kontaktaufnahme beziehen

Ayant récemment visité votre stand…	Da ich kürzlich Ihren Stand besuchte …
M. Rose m'a donné votre nom.	Herr Rose nannte mir Ihren Namen.
Je dois votre adresse à Mme Riou.	Ihre Adresse verdanke ich Frau Riou.
La Chambre de Commerce nous a conseillé de vous contacter.	Die Handelskammer riet uns, mit Ihnen Kontakt aufzunehmen.
Nous nous sommes rencontrés / Nous avons été présentés lors de la foire TEC à Bruxelles.	Wir lernten uns auf der Brüsseler TEC-Messe kennen. / Wir wurden einander auf … vorgestellt.

Die eigene Firma vorstellen

Nous sommes une entreprise familiale.	Wir sind ein Familienbetrieb.
Nous sommes détaillants en…	Wir sind Einzelhändler für …
Nous sommes fabricants de…	Wir stellen … her.
Nous sommes une société de distribution spécialisée en produits électriques.	Wir sind eine Vertriebsgesellschaft, die sich auf elektrische Geräte spezialisiert hat.
Nous sommes spécialisés dans l'assurance maritime.	Wir sind Spezialisten für Seeversicherungen.
Nous sommes une société commerciale de promotion, de marketing et de vente d'équipement Hi-fi pour les pays du Proche-Orient.	Wir sind eine Handelsgesellschaft, die sich auf Werbung, Vermarktung und Verkauf von Hi-Fi-Anlagen für den Nahen Osten spezialisiert hat.
Nous sommes l'un des principaux fournisseurs allemands de produits pharmaceutiques dans le tiers monde / les pays en voie de développement.	Wir sind einer der führenden deutschen Lieferanten für pharmazeutische Produkte in die Dritte Welt / die Entwicklungsländer.

Die Art des Abkommens näher erläutern

Nous voudrions établir un partenariat.	Wir möchten eine Partnerschaft aufbauen.
Nous voudrions vous proposer nos services de distribution pour vos produits.	Wir möchten Ihnen unsere Dienste beim Vertrieb Ihrer Produkte anbieten.
Nous serions intéressés par un contrat de représentation commerciale pour l'ensemble de l'Europe de l'Est.	Wir wären an einem Vertretervertrag für ganz Osteuropa interessiert.
Nous serions intéressés à constituer un joint-venture avec votre société.	Wir sind an einem Joint Venture mit Ihrer Firma interessiert.
Nous vous proposons une coopération au niveau du développement et de la commercialisation de nouvelles technologies.	Wir möchten Ihnen eine Zusammenarbeit bei der Entwicklung und Vermarktung neuer Technologien vorschlagen.

Auf günstige Handelsbedingungen hinweisen

Ce partenariat vous permettrait de diversifier davantage vos produits.	Diese Partnerschaft würde Ihnen die Möglichkeit bieten, Ihre Produktpalette zu erweitern.
Le marché potentiel est excellent pour / en ce qui concerne les chaussures en cuir de qualité dans cette zone du monde.	In diesem Teil der Erde gibt es für Qualitätslederschuhe einen hervorragenden potenziellen Markt.
Il y a une forte demande pour ce type de produits.	Nach dieser Art von Produkten besteht eine große Nachfrage.
Le marché est croissant / s'ouvre / commence à reprendre.	Der Markt expandiert / öffnet sich / erholt sich allmählich wieder.

L'accroissement régulier de la consommation en / au... *(pays)* a créé un marché prometteur pour... *(produit)*	Die anhaltende Hochkonjunktur in ... *(Land)* hat einen vielversprechenden Markt für ... *(Produkt)* geschaffen.

Um Antwort bitten

Nous espérons que cette proposition retiendra votre attention.	Wir hoffen, dass dieser Vorschlag Ihr Interesse findet.
Nous aimerions connaître votre avis sur cette proposition.	Wir würden gern Ihre Meinung zu diesem Vorschlag wissen.
Au cas où vous ne pourriez répondre à notre offre, nous vous serions reconnaissants de nous mettre en contact avec une société qui pourrait être intéressée.	Sollten Sie auf unseren Vorschlag nicht eingehen können, wären wir Ihnen dankbar, wenn Sie uns mit einer Firma in Kontakt bringen könnten, die eventuell daran interessiert wäre.

Anmerkungen

- Unterscheiden Sie zwischen **il y a 5 ans** – *vor 5 Jahren* und **depuis 5 ans** – *seit 5 Jahren*.
- Merken Sie sich, dass **ci-joint, ci-annexé** – *anbei* unverändert bleiben, wenn sie am Anfang eines Satzes oder zwischen zwei Kommas stehen:
  Ci joint, vous trouverez..., Veuillez trouver, ci-joint, ...
  Nachgestellt aber werden sie in Numerus und Genus angeglichen: **La brochure ci-jointe...**
- Beachten Sie, dass nach **au cas où / dans le cas où** das Konditional gebraucht wird:
  Au cas où cette affaire vous intéresserait...
- Wünsche, Fragen, Bitten und Aufforderungen sollten höflich formuliert werden. Daher werden sie im Konditional ausgedrückt:
  Nous pourrions établir un contrat. Nous diffuserions vos produits.
- Das Komma wird im Französischen als Zeichen einer kurzen Sprechpause benutzt. Deswegen steht kein Komma vor Nebensätzen mit **que** – *dass*, **si** – *ob* und meist auch nicht vor Relativsätzen:
  J'espère que..., J'aimerais savoir si..., Vous vous adressez à une clientèle qui...
- Beachten Sie, dass die sehr höfliche Grußformel **Veuillez agréer, Madame, l'hommage de mon respect** nur an eine Frau geschrieben wird.

Sie sind dran!

1 Hier können Sie üben, wie man das Angebot einer geschäftlichen Zusammenarbeit formulieren kann. Vervollständigen Sie dieses Schreiben.

Nous sommes une société (1) ________________ de promotion, de marketing et de vente de lampes pour les pays scandinaves. Nous (2) ________________ vous proposer nos services de (3) ________________ dans ces pays.

2 Folgende Firma ist an einem Vertretervertrag interessiert. Ergänzen Sie die Anfrage.

Nous sommes une (1) ________________ de distribution (2) ________________ en appareils électroménagers et serions intéressés par un (3) ________________ de représentation (4) ________________ pour l'ensemble de l'Europe de l'Est. (5) ________________, vous trouverez une brochure détaillée de nos produits. Forts d'une expérience de 10 ans dans ce domaine, nous (6) ________________ que nos produits ainsi que notre offre retiendront votre (7) ________________.

3 Hier geht es um ein Joint Venture. Füllen Sie auch hier die Lücken.

Nous sommes une société de (1) ________________ en produits électroniques et nous (2) ________________ intéressés à constituer (3) ________________. Nous (4) ________________ diffuser vos produits dans les pays de l'Europe du Nord qui représentent un marché (5) ________________. Nous vous (6) ________________ reconnaissants de bien vouloir vous mettre (7) ________________ avec notre société le (8) ________________ possible.

▶ Lösung auf Seite 168

15 Einen Vertrag schließen

Da Frau Fosset dem Vorschlag der Firma Besace gute Marktchancen gibt, hat sie rasch Kontakt mit Herrn Langlais aufgenommen. Heute sendet sie der kanadischen Firma einen ersten Vertragsentwurf zu.

Ets BOCUIR & FILS
Maroquinerie

2, rue Thumesnil · 59000 Lille Cedex · Tél. : 03 38 37 02 25 · Fax : 03 38 47 12 26
info@etsbocuir.fr · www.etsbocuir.fr

BESACE
17, rue Notre-Dame Est
Montréal, P.Q.
H3Y 1C3
Canada

Lille, le 15 juillet 20…

Monsieur,

(1) ______________ notre entretien téléphonique de mardi dernier, j'ai le plaisir de vous confirmer l'accord de représentation vous réservant (2) ______________ de nos produits au Canada.

(3) ______________ deux copies d'une proposition de contrat de représentation commerciale. Je vous saurais gré de bien vouloir en prendre connaissance et de (4) ______________ accompagné de vos commentaires ou (5) ______________ que vous souhaiteriez éventuellement apporter aux termes de ce contrat.

Je me tiens, bien entendu, à votre entière disposition (6) ______________ concernant les conditions du contrat.

J'espère que celui-ci représentera le début d'une longue et productive coopération (7) ______________ nos deux sociétés.

Dans l'attente de votre réponse, je vous prie de croire, Monsieur, à l'assurance de mes sentiments distingués.

Fosset

La Directrice Commerciale
Corine Fosset

1

▶ Brief 17: Lösung auf Seite 161

Schreiben Sie den Brief von Frau Fosset mit Hilfe folgender Begriffe:

1. *„Bezug nehmend auf":*
Je me réfère à
(Comme) suite à
Conformément à

2. *„den ausschließlichen Verkauf":*
la vente exclusive
la vente monopolisée
la vente exclue

3. *„Anbei finden Sie":*
Trouvez ci-joint
Ci-inclus, il y a
Ci-joint, vous trouverez

4. *„ein Exemplar an mich zurücksenden":*
m'en retourner un exemplaire
m'en expédier un exemplaire
m'envoyer l'un des deux exemples

5. *„Änderungen":*
des modifications
des changements
des corrections

6. *„für weitere Fragen":*
pour tous renseignements complémentaires
afin de répondre à vos demandes
au cas où vous auriez d'autres questions

7. *Welche Präposition ist richtig?*
pour
entre
parmi

Textbausteine

Vertragsbedingungen

Vertragsart, Vertragspartner

Contrat de représentation / concession entre la société Bison S.A.R.L. (ci-dessous dénommée „le Représentant") d'une part et la société Baco (ci-dessous dénommée „la Société") d'autre part.	Vertretervertrag / Alleinvertretervertrag zwischen der Firma Bison GmbH (nachstehend „der Vertreter" genannt) einerseits und der Firma Baco (nachstehend „die Firma" genannt) andererseits.

Vertragsgegenstand

La société réserve au représentant l'exclusivité de la vente de ses produits pour le secteur géographique suivant : …	Die Firma überträgt dem Vertreter das Alleinvertriebsrecht für ihre Produkte im folgenden Gebiet: …
Le représentant devra limiter ses activités au territoire de la / du… *(pays)*.	Der Vertreter muss seine Tätigkeit auf das Gebiet von … *(Land)* beschränken.
Le concessionnaire s'engage à assurer la gestion des importations et des ventes, la distribution des produits et le service après-vente.	Der Alleinvertreter verpflichtet sich, das Management der Importe und Verkäufe, den Vertrieb der Produkte und den Kundendienst zu übernehmen.

L'agent commercial conclura des opérations de vente au nom et pour le compte de l'entreprise.	Der Handelsvertreter schließt Verkaufsgeschäfte im Auftrag und auf Rechnung des Unternehmens ab.
Pendant la durée de validité du contrat, le concessionnaire s'engage à ne vendre aucun produit des concurrents directs de la société que ce soit pour son compte ou celui d'une autre société.	Während der Gültigkeitsdauer des Vertrages verpflichtet sich der Alleinvertreter, keine Produkte der direkten Konkurrenz der Firma zu verkaufen, weder auf eigene Rechnung noch auf Rechnung einer anderen Firma.

Werbung

Le concessionnaire a pour mission de représenter la société et de promouvoir le succès commercial des produits de la société, y compris l'exécution d'études de marché et de campagnes publicitaires.	Aufgabe des Alleinvertreters ist es, die Firma zu repräsentieren, den wirtschaftlichen Erfolg der Firmenprodukte zu fördern sowie Marktanalysen und Werbekampagnen durchzuführen.
La société est prête / disposée à investir un montant de € ... par an en publicité.	Die Firma ist bereit, einen Betrag von ... € pro Jahr für Werbezwecke auszugeben.
La société fournira des conseils pour le marketing des produits.	Die Firma wird beim Marketing der Produkte beratend tätig sein.

Provision

L'agent commercial facturera au nom de l'entreprise et sera rémunéré par un pourcentage.	Der Handelsvertreter stellt die Rechnungen auf den Namen des Unternehmens aus und erhält eine prozentuale Vergütung.
Le représentant percevra une commission de six pour cent sur la vente de nos produits / du montant net des factures acquittées.	Der Vertreter erhält eine Provision von sechs Prozent auf den Verkauf unserer Produkte / auf den Nettobetrag der quittierten Rechnungen.
Une commission de 8% sera accordée sur la valeur FAB de tous les articles commandés par les clients.	Es wird eine Provision von 8 % auf den FOB-Wert aller von den Kunden bestellten Waren gewährt.
Cette commission est payable / sera réglée trimestriellement / à la fin du mois.	Diese Provision wird vierteljährlich / jeweils am Monatsende ausbezahlt.
Les frais engagés seront remboursés sur présentation des pièces justificatives correspondantes.	Die ausgelegten Kosten werden auf Vorlage der entsprechenden Belege erstattet.

Vertragsdauer

Le contrat se limite à une durée initiale de deux ans et peut être renouvelé sur appréciation annuelle des performances du représentant.	Der Vertrag ist zunächst auf zwei Jahre befristet und kann auf Grundlage einer alljährlichen Bewertung der Leistungen des Vertreters verlängert werden.

Il sera prévu une période d'essai de six mois, à la suite de laquelle chacune des deux parties peut annuler / résilier le contrat, sous réserve d'un préavis d'un mois.	Nach einer Probezeit von sechs Monaten kann jeder Vertragspartner unter Einhaltung einer einmonatigen Kündigungsfrist den Vertrag auflösen / kündigen.
En cas de litige les parties contractantes feront appel à un tribunal de droit commun / d'arbitrage.	Bei Rechtsstreitigkeiten wenden sich die Vertragsparteien an ein ordentliches Gericht / Schiedsgericht.

Den Vertrag bestätigen

(Comme) suite à notre discussion / votre courrier / notre entretien téléphonique j'ai le plaisir de vous confirmer…	Bezug nehmend auf unser Gespräch / Ihren Brief / unser Telefongespräch freue ich mich, … zu bestätigen.
l'accord de représentation commerciale	den Vertretervertrag
notre partenariat	unsere Partnerschaft
notre joint-venture	unser Joint Venture
la franchise	die Franchise

Um Unterzeichnung des Vertrags bitten

Ci-joint, vous trouverez deux copies / exemplaires du contrat de représentation.	In der Anlage finden Sie zwei Kopien / Ausfertigungen des Vertretervertrags.
Veuillez nous en retourner le double, signé et annoté de la mention « lu et approuvé ».	Senden Sie uns bitte eine Ausfertigung mit Ihrer Unterschrift und dem Vermerk „gelesen und genehmigt" zurück.
Veuillez signer les deux copies et m'en retourner une.	Unterzeichnen Sie bitte beide Ausfertigungen und senden Sie eine an mich zurück.

Schlussformeln

J'espère que ce contrat représentera le début d'une longue et productive coopération entre nos deux sociétés.	Ich hoffe, dieser Vertrag stellt den Beginn einer langen und ertragreichen Zusammenarbeit unserer beiden Firmen dar.
Veuillez nous faire savoir dans un délai de trois semaines si ces conditions vous paraissent acceptables.	Bitte geben Sie uns innerhalb der nächsten drei Wochen Bescheid, ob Sie mit diesen Bedingungen einverstanden sind.

Anmerkungen

- Anglizismen und Amerikanismen sind in Frankreich offiziell verpönt. Ein Gesetz vom März 1994 über die Anwendungspflicht der französischen Sprache verbietet unter Strafandrohung die Verwendung fremdsprachiger Begriffe in der Werbung und in Handelsverträgen über Güter, Produkte und Dienstleistungen.
  Ein paar Beispiele für französische Entsprechungen:
  le marketing – **la mercatique**, *le leasing* – **le crédit-bail**, *le mailing* – **le publipostage**, *le sponsoring* – **le parrainage**, *FOB* – **FAB**.

Trotz des Gesetzes werden diese Begriffe in der Praxis sehr gern verwendet, vor allem in der Fachpresse.

- Um einen Befehl auszudrücken, wird in Geschäftsbriefen und Verträgen üblicherweise die Zukunftsform des Verbs benutzt. Hierdurch wird angegeben, dass etwas mit Sicherheit eintreten wird, d. h. dass die betreffenden Personen die notwendigen Maßnahmen ergreifen müssen:
  L'agent commercial conclura des opérations de vente...
- Diese Befehlsform kann durch das Verb **devoir** – *müssen* oder durch **devoir** plus ein entsprechendes Adverb noch verstärkt werden:
  Les pièces justificatives devront être envoyées...
  Les pièces justificatives devront, impérativement, être envoyées...

Sie sind dran!

1 Vervollständigen Sie das folgende Begleitschreiben zu einem Vertrag:

(1) ____________ votre lettre du 12 courant, j'ai le (2) ____________ de vous faire parvenir le contrat de franchise vous autorisant à (3) ____________ nos produits dans votre société en Algérie. Ci-joint, (4) ____________ deux copies du contrat de franchise. Veuillez (5) ____________ les deux copies et m'en (6) ____________ une.

2 Formulieren Sie die folgenden Vertragsklauseln aus:

Les conditions générales du contrat sont les suivantes :
– Le contrat (1) ____________ à une durée initiale de trois ans et peut être (2) ____________ sur appréciation annuelle des (3) ____________ du représentant.
– Une (4) ____________ de dix pour cent sera (5) ____________ sur la valeur FAB de tous les (6) ____________ par le client.

▶ Lösung auf Seite 168

Lerntipps

- Bevor Sie mit dem Kapitel „Dankschreiben“ beginnen, überlegen Sie doch, welche Wörter, Ausdrücke und Wendungen Ihnen zu diesem Thema einfallen. Vergleichen Sie sie mit den Vorschlägen des Buches.

16 Dankschreiben

Um den endgültigen Vertretervertrag zu diskutieren, ist Frau Fosset auf Einladung von Besace nach Montreal geflogen. Nach ihrer Rückkehr schreibt Frau Fosset, die mit dem Ergebnis ihres Aufenthalts sehr zufrieden ist, an Herrn Langlais einen Dankesbrief.

Ets BOCUIR & FILS
Maroquinerie

2, rue Thumesnil · 59000 Lille Cedex · Tél. : 03 38 37 02 25 · Fax : 03 38 47 12 26
info@etsbocuir.fr · www.etsbocuir.fr

BESACE
A l'attention de Monsieur Langlais
17, rue Notre-Dame Est
Montréal, P.Q.
H3Y 1C3
Canada

Lille, le 22 juillet 20…

1 ____________________ ,

2 ____________________ pour 3 ____________________ que vous avez su me réserver lors de mon séjour et pour 4 ____________________ organisées à mon intention.

Les visites fort intéressantes de Montréal et de ses environs 5 ____________________ .

Ce séjour 6 ____________________ tant professionnels que personnels m'a permis de mieux comprendre le fonctionnement de votre entreprise ainsi que 7 ____________________ .

Notre P.D.G., Monsieur Marc Lempereur, a été très intéressé par le rapport que je lui ai transmis 8 ____________________ .

Nous souhaitons vivement qu' 9 ____________________ s'établisse entre nos deux sociétés.

10 ____________________ , je vous prie de croire, Cher Monsieur, à l'assurance de mes salutations distinguées.

Fosset

La Directrice Commerciale
Corine Fosset

2

▶ Brief 18: Lösung auf Seite 162

Helfen Sie Frau Fosset, das Dankschreiben aufzusetzen:

1 *Die Anrede:*
Cher Jean
Cher Monsieur
Cher Langlais

2 *Sich bedanken:*
Je dois d'abord vous dire merci
Acceptez d'abord mes remerciements
Je tiens tout d'abord à vous remercier

3 *„Ihre Gastfreundschaft":*
l'excellent accueil
votre amicale réception
votre hospitalité sympathique

4 *„die erfolgreichen Zusammenkünfte":*
les entrevues productives
les rencontres intéressantes
les fructueuses réunions

5 *Welche Zeitform ist richtig?*
m'avaient enthousiasmée
m'enthousiasmaient
m'ont enthousiasmée

6 *„reich an Erfahrungen":*
riche en apports
plein d'expériences
considérable en acquis

7 *„Ihre Verkaufspolitik":*
votre politique export
votre commerce
votre politique de vente

8 *„gleich nach meiner Rückkehr":*
après mon voyage
dès mon retour
tout de suite après mon retour

9 *„eine enge und dauerhafte Zusammenarbeit":*
une très longue relation sérieuse
une collaboration solide et intéressante
une coopération étroite et durable

10 *Sich nochmals bedanken:*
Je répète mes remerciements
Encore une fois merci
Avec mes remerciements réitérés

Textbausteine

Dankesformeln

Je vous remercie vivement / bien sincèrement…	Ich danke Ihnen sehr / ganz herzlich …
de votre invitation	für Ihre Einladung
de cet agréable séjour	für den angenehmen / schönen Aufenthalt
pour cette excellente soirée	für diesen vorzüglichen Abend
pour votre chaleureux accueil	für Ihren warmherzigen Empfang
pour votre aide	für Ihre Hilfe
Veuillez recevoir nos remerciements les plus vifs pour…	Wir möchten uns ganz herzlich für … bedanken.
Nous voudrions vous exprimer notre gratitude / nos sincères remerciements pour…	Wir möchten Ihnen unseren aufrichtigen Dank für … aussprechen.
J'aimerais vous remercier de votre hospitalité.	Ich möchte Ihnen für Ihre Gastfreundschaft danken.

Je vous suis extrêmement reconnaissant/e de votre aide et de votre hospitalité durant mon récent séjour à Bordeaux.	Ich bin Ihnen sehr dankbar für Ihre Hilfe und Gastfreundschaft während meines jüngsten Aufenthalts in Bordeaux.
Merci de votre accueil lors de notre réunion.	Haben Sie Dank für Ihre Gastfreundschaft bei unserem Treffen.
Je vous remercie beaucoup pour l'excellent accueil que vous avez su me réserver lors de mon passage à Rouen.	Ich danke Ihnen sehr für die vorzügliche Gastfreundschaft, die Sie mir während meiner Durchreise in Rouen erwiesen haben.
Permettez-moi de vous exprimer toute ma gratitude pour vos démarches auprès de...	Erlauben Sie, dass ich Ihnen für Ihre bei ... unternommenen Schritte danke.
Je tiens à vous exprimer / à vous faire part de ma reconnaissance pour le grand service que vous avez bien voulu me rendre.	Ich möchte Ihnen ganz herzlich für den großen Gefallen danken, den Sie mir erwiesen haben.
Vous avez été fort aimable de...	Es war sehr freundlich von Ihnen, ...

Anmerkungen

- Merken Sie sich die Adverbien, mit deren Hilfe Sie einen Sachverhalt chronologisch darstellen können:
  (tout) d'abord – *zuerst,* **ensuite / puis** – *dann,* **de plus** – *außerdem,* **enfin** – *schließlich.*
- Beachten Sie, dass das Wort **fort** – *stark / sehr* auch als Adverb benutzt werden kann. Es ist dann unveränderlich: **Les visites fort intéressantes...**
- Verwechseln Sie nicht **ses** – *seine / ihre* mit **ces** – *diese:* **Montréal et ses environs..., Ces démarches auprès de l'administration étaient...**
- **P.D.G.** (auch **P.-D.G.** oder **PDG** geschrieben) ist die Abkürzung für **Président-directeur général** – *Generaldirektor.*
- Merken Sie sich, welche Präposition bei den folgenden wichtigen Ausdrücken stehen muss:
  tenir à – *Wert legen auf*
  lors de – *während*
  remercier de / pour – *sich bedanken für*
  à l'intention de Madame Fosset – *für Frau Fosset*
  transmettre à – *übergeben an*
  s'intéresser à / être intéressé/e par – *sich interessieren für*
  prier de – *bitten um*

Sie sind dran!

1 Sie waren bei einem Geschäftspartner zum Abendessen eingeladen. Bedanken Sie sich schriftlich bei ihm für den schönen Abend und das ausgezeichnete Essen (**excellent repas**).

2 Nachdem Sie selbstständig das Dankschreiben verfasst haben, brauchen Sie hier nur noch in dem vorgegebenen Absatz die Lücken zu füllen!

(1) ____________________ recevoir mes (2) ____________________ les plus vifs pour votre excellent (3) ____________________ lors de ma visite à Tunis la semaine dernière.

3 Und da man sich nie genug bedanken kann, ergänzen Sie bitte auch noch dieses Dankeschön.

Je (1) ____________________ à vous remercier (2) ____________________ les précieux conseils et la documentation détaillée que vous avez bien voulu me donner (3) ____________________ de notre dernière réunion.

▶ Lösung auf Seite 168

17 Einladungen

Der Generaldirektor von Bocuir, Herr Lempereur, erhält von seinem wichtigsten Lieferanten, Herrn Lenoir, eine Einladung zu einem „Vortragsessen", einem Essen mit einem Vortrag und anschließender Diskussion.

CUIR INTERNATIONAL
MAURICE LENOIR

22 RUE DAUPHINE
75006 PARIS
TÉL. : 01 43 65 78 95
FAX : 01 43 65 70 32
WWW.CUIRINTER.FR

Ets Bocuir & Fils
Monsieur Marc Lempereur
...

Paris, le 23 août 20...

(1) ____________________,

Nous avons le plaisir de vous compter parmi (2) ____________________. En effet, depuis maintenant plus de 8 ans, (3) ____________________ des relations commerciales suivies.

Pour vous remercier de la confiance (4) ____________________ vous nous accordez, nous vous (5) ____________________ à un dîner-débat au Club Investissement, 15, avenue de l'Opéra, 75001 Paris, jeudi le 30 septembre à 20 heures.

(6) ____________________ les intervenants Monsieur François Baragou, Conseil de l'Ordre des avocats à la Cour de Paris, qui parlera du « Droit européen des affaires ».

Comme votre entreprise exerce des activités de plus en plus nombreuses sur le marché européen, le thème de cette soirée ne manquera pas de vous intéresser.

(7) ____________________ qu'il vous sera possible de (8) ____________________. Nous vous serions reconnaissants de bien vouloir nous confirmer votre présence avant le 15 septembre, pour que (9) ____________________ effectuer les réservations nécessaires.

Dans l'espoir d'une réponse positive, nous vous adressons, Monsieur et Cher Client, nos salutations les plus dévouées.

Maurice Lenoir
Président-directeur général

1

▶ Brief 19: Lösung auf Seite 162

Eine Einladung schreiben

Vervollständigen Sie die Einladung mit Hilfe nachfolgender Begriffe:

1. *Die Anrede:*
   Monsieur
   Monsieur et Cher Client
   Cher client

2. *„unsere treuesten Kunden“:*
   nos clients très fidèles
   nos clients plus fidèles
   nos clients les plus fidèles

3. *„wir pflegen“ Geschäftsbeziehungen:*
   nous soignons
   nous entretenons
   nous tenons

4. *Welches Pronomen ist richtig?*
   qui
   dont
   que

5. *Die Formulierung der Einladung:*
   inviterons volontiers
   recevions avec plaisir
   invitons bien cordialement

6. *Zu den Rednern zählen:*
   Nous compterons parmi
   Nous compterons sur
   Nous aurons au nombre de

7. *Eine Hoffnung ausdrücken:*
   Nous désirons beaucoup
   Nous aimerions tant
   Nous espérons vivement

8. *„an diesem ‚Vortragsessen‘ teilnehmen“:*
   participer à ce dîner-débat
   venir au dîner-débat
   être là au dîner-débat

9. *Welche Verbform ist richtig?*
   nous pouvons
   nous puissions
   nous pouvions

Eine Einladung beantworten

Herr Lempereur freut sich sehr über die Einladung seines Lieferanten. Er beantwortet sie sofort.

Cher Monsieur,

C'est (1) ____________________ que j'accepte l'invitation que vous avez bien voulu m'adresser et je vous en remercie (2) ____________________. (3) ____________________ de me rendre à votre dîner-débat au Club Investissement à Paris.

En effet, comme vous l'écrivez, le sujet de cette soirée m'intéresse particulièrement. Monsieur Baragou étant (4) ____________________ une personnalité de grande renommée, (5) ____________________ d'assister à ce débat.

(6) ____________________ mes remerciements, je vous prie, Cher Monsieur, d'agréer l'expression de mes meilleurs sentiments.

▶ Brief 20: Lösung auf Seite 162

Helfen Sie ihm, seinen Brief zu verfassen, und wählen Sie den jeweils passenden Begriff:

(1) *Sehr erfreut über etwas sein:*
avec plaisir
avec enthousiasme
avec un très grand plaisir

(2) *Sich „sehr" bedanken:*
très
énormément
vivement

(3) *Seine Freude zum Ausdruck bringen:*
Je serais tout à fait ravi
Je suis très content
Je serai très heureux

(4) *„darüber hinaus":*
en outre
par-dessus
du reste

(5) *„es wird für mich eine Ehre sein":*
je tiens à mon honneur
ce sera pour moi un honneur
ce sera pour mon honneur

(6) *Sich nochmals bedanken:*
En vous renouvelant
En vous rappelant
En vous réexprimant

Textbausteine

Eine Einladung aussprechen

Je souhaiterais / J'aimerais vous inviter / convier...	Hiermit möchte ich Sie einladen ...
... à déjeuner avec les membres de notre société jeudi le 3 décembre.	... zu einem Mittagessen mit unseren Mitarbeitern am Donnerstag, dem 3. Dezember.
... à visiter nos nouveaux locaux.	, ... unsere neuen Geschäftsräume zu besichtigen.
Nous espérons vivement qu'il vous sera possible de participer à ce salon / ce congrès.	Wir hoffen sehr, dass es Ihnen möglich sein wird, an dieser Messe / diesem Kongress teilzunehmen.
Nous serions ravis de vous recevoir / accueillir.	Wir würden uns sehr freuen, Sie begrüßen zu können.
Le président et les directeurs ont le plaisir de vous inviter à assister à la fête de Noël de l'entreprise qui aura lieu à l'hôtel IRIS, avenue Mozart, samedi le 20 décembre à 20 heures.	Der Vorsitzende und der Vorstand freuen sich, Sie am Samstag, dem 20. Dezember, um 20 Uhr zur Weihnachtsfeier der Firma ins Hotel IRIS, Avenue Mozart einzuladen.
A l'occasion du jubilé de notre entreprise, nous avons le plaisir de vous inviter à une réception.	Anlässlich unseres Firmenjubiläums laden wir Sie zu einem Empfang.
Vous êtes cordialement invité à un cocktail après la conférence.	Wir möchten Sie im Anschluss an die Konferenz herzlich zu einem Empfang einladen.
Nous ferez-vous le plaisir de venir dîner, accompagné de votre épouse, vendredi à 20 heures ?	Wir würden uns freuen, wenn Sie und Ihre Gattin am Freitag um 20 Uhr zum Abendessen kämen.
M. et Mme Dupont prient M. et Mme Durant de leur faire l'honneur / le plaisir de venir dîner le 4 mai à 20 heures.	Herr und Frau Dupont geben sich die Ehre / freuen sich, Herrn und Frau Durant am 4. Mai um 20 Uhr zum Abendessen einzuladen.
M. et Mme Ottheau auront le plaisir de recevoir M. et Mme Fontaine à la réception de mariage de leur fille Marie-Chantal qui aura lieu à... *(endroit)* le... *(date)* à... *(heure)*.	Herr und Frau Ottheau geben sich die Ehre, Herrn und Frau Fontaine zur Hochzeit(sfeier) ihrer Tochter Marie-Chantal am ... um ... in ... einzuladen.

Zusätzliche Hinweise

tenue de ville sollicitée	Gesellschaftskleidung erwünscht
tenue de soirée sollicitée	Abendkleidung erwünscht
déguisement	Verkleidung
tenue décontractée	zwanglose / legere Kleidung
R.S.V.P. (réponse / répondez s'il vous plaît)	(u.A.w.g.) um Antwort wird gebeten
Veuillez répondre avant le...	Bitte geben Sie bis ... Bescheid.
Nous comptons sur votre présence.	Wir rechnen mit Ihrer / eurer Anwesenheit.

Eine Einladung annehmen

Nous vous remercions de votre aimable invitation à la conférence et serions heureux d'y assister.	Wir bedanken uns für die freundliche Einladung zu der Konferenz, an der wir gern teilnehmen werden.
Je vous remercie de l'invitation à la réception organisée en l'honneur de M. Marron à laquelle je me rendrai avec plaisir.	Ich bedanke mich für die Einladung zum Empfang zu Ehren von Herrn Marron, an dem ich gern teilnehmen werde.
Nous serons très heureux de nous rendre à votre réception.	Sehr gern werden wir an Ihrem Empfang teilnehmen.
C'est avec un très grand plaisir que j'accepte votre invitation.	Sehr gern nehme ich Ihre Einladung an.
M. et Mme Rivert remercient M. et Mme Leclos pour leur aimable invitation qu'ils ont le plaisir d'accepter.	Wir bedanken uns herzlich für Ihre freundliche Einladung, die wir gern annehmen.

Eine Einladung absagen

Nous sommes désolés de ne pouvoir accepter votre aimable invitation en raison de…	Es tut uns leid, Ihre freundliche Einladung aufgrund … nicht annehmen zu können.
Je vous remercie de votre aimable invitation et regrette vivement de ne pouvoir l'accepter, d'autres obligations m'appellent à l'étranger.	Ich danke Ihnen für Ihre freundliche Einladung, die ich bedauerlicherweise wegen anderweitiger Verpflichtungen im Ausland nicht annehmen kann.
M. et Mme Dupont remercient M. et Mme Petit de leur invitation qu'ils sont au regret/ regrettent de devoir décliner en raison d'un engagement préalable.	Wir danken Ihnen für Ihre Einladung, der wir leider wegen einer anderweitigen Verpflichtung nicht nachkommen können.

Anmerkungen

- Vergessen Sie nicht, dass nach den folgenden Konjunktionen, die alle ein Ziel ausdrücken (*damit …/so dass …*), der **Subjonctif** steht:
  pour que, afin que, de manière que, de sorte que, de façon que:
  … pour que nous puissions effectuer…

- Verwechseln Sie nicht **assister quelqu'un** – *pflegen, helfen* mit **assister à** – *teilnehmen an.*

- Die doppelte Verneinung eignet sich besonders gut, einer Person höflich und vorsichtig etwas nahezulegen bzw. sie auf etwas hinzuweisen:
  Cela ne manquera pas de vous intéresser… (= cela vous intéressera/cela devrait vous intéresser),
  vous n'ignorez pas que… und
  vous n'êtes pas sans savoir… (= vous savez/vous devriez savoir)

Zwar positiv ausgedrückt, doch genauso vorsichtig können Sie von sich sagen:
Je suppose que... (= je sais que...).

- Als Einladung können Sie auch eine Visitenkarte bekommen. Beachten Sie, dass die Visitenkarte immer in der 3. Person geschrieben ist.
  M. et Mme Gribouille vous prient de...
  Die Karte wird weder datiert noch unterschrieben. Unten rechts steht in Großbuchstaben:
  R.S.V.P. – „réponse s'il vous plaît".

Sie sind dran!

1 Ergänzen Sie die Einladung zur Cocktailparty.

Vous (1) ________________ cordialement (2) ________________ à un cocktail qui (3) ________________ à l'hôtel Rive, boulevard Richelieu, (4) ________________ 13 janvier à 20 heures.

2 Und wie wird korrekt zur Abendgesellschaft mit Tanz eingeladen?

A (1) ________________ du jubilé de notre entreprise, nous avons le
(2) ________________ de vous inviter (3) ________________ une soirée dansante
(4) ________________ l'hôtel Valse, samedi le 30 juin à 20 heures.
(5) ________________ de soirée sollicitée.

3 Können Sie auch diese Absage ausformulieren?

Je vous (1) ________________ de votre (2) ________________ invitation à la réception (3) ________________ en l'honneur de Mme Rivale à laquelle je me (4) ________________ rendu avec (5) ________________ .
Mais malheureusement d'autres obligations (6) ________________ en province.

4 Zu guter Letzt noch eine sehr förmliche Absage:

M. et Mme Duvent (1) ________________ M. et Mme Pleureux de leur invitation et (2) ________________ de ne pouvoir (3) ________________ en raison d'un engagement (4) ________________ .

▶ Lösung auf Seite 169

18 Geschäftliche Mitteilungen

Die Firma Bocuir möchte ihre Kundschaft darüber informieren, dass ihre Produkte dank der Partnerschaft mit der kanadischen Firma Besace attraktiver geworden sind.

Ets BOCUIR & FILS
Maroquinerie

2, rue Thumesnil · 59000 Lille Cedex · Tél. : 03 38 37 02 25 · Fax : 03 38 47 12 26
info@etsbocuir.fr · www.etsbocuir.fr

Lille, le 1er octobre 20…

(1) ____________________,

(2) ____________________ de mieux satisfaire une clientèle de plus en plus exigeante, (3) ____________________ que, grâce à un partenariat avec la société canadienne Besace, nous pouvons vous offrir, dès aujourd'hui, une gamme de produits encore plus diversifiée.

En feuilletant notre dernier catalogue, (4) ____________________ que nos produits, qu'ils soient élégants ou sportifs, classiques ou modernes, sont toujours aussi pratiques que novateurs.

Pour vous permettre de découvrir ces modèles de très grande qualité, (5) ____________________ une offre exceptionnelle : (6) ____________________ de 25% (7) ____________________ toute commande passée avant la fin de ce mois.

Profitez donc de (8) ____________________, puisque nous aurons le plaisir de (9) ____________________ un élégant stylo-plume noir très raffiné avec sa plume dorée. C'est notre façon amicale de vous remercier de la confiance que vous nous témoignez.

(10) ____________________.

Y. Frimon

Yves Frimon
Service Marketing

1

▶ Brief 21: Lösung auf Seite 162

Schreiben Sie das Mailing mit Hilfe der folgenden Begriffe:

1. *Die Anrede:*
   Mes chers clients
   Messieurs
   Chère Madame, Cher Monsieur

2. *„Immer bemüht":*
   Sans cesse désireux
   Toujours soucieux
   Nous empressant toujours

3. *Eine erfreuliche Nachricht ankündigen:*
   nous vous annonçons avec joie
   nous sommes contents de vous informer
   nous avons le plaisir de vous annoncer

4. *„Sie werden sehr schnell feststellen":*
   vous constaterez très vite
   vous verrez bien vite
   vous établirez vite

5. *Ein Angebot machen:*
   nous vous offrons
   nous vous avons réservé
   nous vous indiquons

6. *Eine Ermäßigung in Aussicht stellen:*
   vous bénéficierez d'une réduction
   nous promettons un rabais
   vous obtiendrez un bénéfice

7. *Welche Präposition ist richtig?*
   à
   sur
   par

8. *Ein günstiges Angebot hervorheben:*
   l'offre intéressante
   une offre superbe
   cette offre vraiment spéciale

9. *„Ihrer Bestellung hinzufügen":*
   joindre à votre commande
   rajouter à votre ordre
   vous envoyer en plus

10. *Die Grußformel:*
    A très bientôt
    Bien sincèrement
    Mes respectueuses salutations

Textbausteine

Ein Ereignis ankündigen

Nous vous informons que nous avons transféré nos bureaux à l'adresse suivante : …	Wir informieren Sie, dass wir unsere Geschäftsräume an die folgende Adresse verlegt haben: …
Nous aimerions vous informer que M. Jourdon se retirera de la présidence du conseil en juin.	Hiermit informieren wir Sie, dass Herr Jourdon im Juni aus seiner Position als Aufsichtsratsvorsitzender ausscheiden wird.
Nous avons le plaisir de…	Wir freuen uns …
… vous informer de la récente fusion de notre société avec Fari Computers.	… Ihnen die kürzlich vollzogene Fusion unserer Firma mit Fari Computers mitteilen zu können.
… vous annoncer l'ouverture de notre nouvelle succursale dans le centre-ville.	… die Eröffnung unserer neuen Zweigstelle im Stadtzentrum bekannt geben zu können.
… vous informer que nous venons de lancer notre nouvelle gamme de produits de bricolage.	… Ihnen mitzuteilen, dass wir gerade unser neuestes Sortiment an Heimwerkerprodukten herausgebracht haben.

... pouvoir vous fournir des informations sur notre nouveau modèle d'aspirateur.	... Sie über unser neuestes Staubsaugermodell informieren zu können.
... vous présenter notre toute nouvelle gamme de mobilier de bureau.	... Ihnen unsere neueste Büromöbelserie vorstellen zu können.
Nous nous permettons d'attirer votre attention sur l'arrivée tant attendue de nos nouveaux stylos Bac.	Wir möchten Sie darauf aufmerksam machen, dass unsere lang erwarteten „Bac"-Schreiber jetzt eingetroffen sind.

Auf ein Sonderangebot aufmerksam machen

Pour marquer l'événement, nous vous offrons...	Zu diesem Anlass bieten wir ...
... des prix spéciaux sur nos...	... Sonderpreise für unser(e) ...
... une réduction exceptionnelle pour toute commande au-dessus de 80 €.	... einen Sonderrabatt auf alle Bestellungen über 80 €.
... une remise de 3% si votre commande est passée avant le 1er mai.	... einen Rabatt von 3 %, wenn Sie Ihre Bestellung vor dem 1. Mai abgeben.
A l'occasion de cet événement, nous remettons (à titre gracieux) un cadeau pour chaque commande.	Aus diesem Anlass erhalten Sie zu jeder Bestellung gratis ein Geschenk.

Vorteile und Besonderheiten hervorheben

En conséquence de cette fusion, nous pouvons vous offrir un éventail beaucoup plus large de nos produits et des réductions de prix appréciables.	Infolge dieser Fusion können wir Ihnen ein wesentlich größeres Sortiment anbieten und beträchtliche Preisnachlässe gewähren.
Vous trouverez cette nouvelle version de... *(produit)* encore plus fiable / efficace / attractive / économique / facile à utiliser.	Sie werden feststellen, dass diese neue Variante von ... *(Produkt)* sogar noch zuverlässiger / leistungsfähiger / attraktiver / wirtschaftlicher / benutzerfreundlicher ist.
Vous noterez que notre nouveau catalogue présente une gamme très complète d'articles de bureau susceptibles de convenir à votre clientèle.	Sie werden feststellen, dass unser Katalog eine sehr ausführliche Büroartikelpalette bietet, die sicherlich den Bedürfnissen Ihrer Kunden entspricht.
Nos produits sont réputés pour leur design imaginatif, leur haute qualité et leurs prix compétitifs.	Unsere Produkte sind für ihr originelles Design, ihre hohe Qualität und konkurrenzfähige Preise bekannt.
Notre nouvelle succursale a l'avantage supplémentaire d'être située en plein cœur du quartier des affaires.	Unsere neue Zweigstelle bietet zusätzlich den Vorteil, mitten im Geschäftsviertel zu liegen.

Anmerkungen

- Verwechseln Sie nicht **mieux** (Adverb) und **meilleur/e** (Adjektiv).
- Achten Sie auf die Rechtschreibung der Wörter **exigeant/e** – *anspruchsvoll* und **l'exigence** – *Anspruch*
- Unterscheiden Sie zwischen **puisque** – *weil doch* und **parce que** – *weil*. **Puisque** drückt einen bekannten Grund aus. **Parce que** erklärt etwas Unbekanntes und steht daher selten am Anfang eines Satzes.
- Merken Sie sich, dass das Adjektiv meist nach dem Substantiv steht: **la société canadienne, un stylo-plume noir.**
  Einige Adjektive werden jedoch vorangestellt: die Ordnungszahlen **(premier, deuxième...)**, **petit, grand, jeune, vieux, bon, gros, joli, long: une petite entreprise.**

  Beziehen sich zwei Adjektive auf ein Substantiv, kann eines vorangestellt und das andere nachgestellt werden: **un élégant stylo-plume noir.**
- Vergessen Sie nicht, die Akzente zu setzen, denn sie können den Sinn eines Wortes völlig verändern, so z. B.: **ou** – *oder* und **où** – *wo;* **a** – *hat* und **à** – *in, nach;* **la** – *der, die, das, sie* und **là** – *dort;* **du** – *von* und **dû** – *geschuldet.*
- Hier noch ein paar Faustregeln, wann ein Akzent auf dem **e** stehen muss und wann nicht:
  – kein Akzent steht vor dem Schlusskonsonanten eines Wortes: **profiter, complet...**
    Ausnahme: Vor dem Schlusskonsonanten **s** muss das **e** einen **accent grave** bekommen: **congrès, succès...**
  – kein Akzent steht meistens vor einer Konsonantengruppe und vor Doppelkonsonanten: **mettre, erreur...**

Sie sind dran!

1 Kündigen Sie den Firmenzusammenschluss und die damit verbundenen Vorteile an!

Nous avons le plaisir de (1) ____________ de la récente (2) ____________ de notre société (3) ____________ Melinex Electroménager S.A.
En (4) ____________ de cette fusion, nous (5) ____________ vous offrir une (6) ____________ de produits très étendue ainsi que des (7) ____________ de prix (8) ____________.

2 Vervollständigen Sie die Anzeige der Jubiläumsangebote.

Notre entreprise fête ses 15 ans. Pour (1) ____________ l'événement, nous vous (2) ____________ une (3) ____________ de 15% (4) ____________ toute commande passée avant le 15 mai.

3 Auch in dieser Mitteilung einer Geschäftseröffnung sind Lücken zu schließen!

Nous avons le plaisir d' (1) ____________ l'ouverture de notre nouvelle (2) ____________ qui présente (3) ____________ d'être située en (4) ____________ du quartier des affaires.

4 Bringen Sie wieder Ordnung in dieses Durcheinander! Bilden Sie einen Satz mit den folgenden Wörtern und Ausdrücken:

vos besoins – notre toute nouvelle – notre nouveau catalogue – Nous avons – à des prix – à – particulièrement – vous adresser – très avantageux – vous noterez – et encore mieux adaptée – de bureau – le plaisir de – où – gamme de mobilier.

▶ Lösung auf Seite 169

19 Stellenangebote und Bewerbungen

Aufgrund der vielen zusätzlichen Aufträge, die infolge der Messe in Brüssel und der Zusammenarbeit mit der Firma Besace eingehen, braucht Frau Fosset eine Assistentin oder einen Assistenten und schreibt diese Stelle aus.

BOCUIR & FILS MAROQUINERIE

Leader sur un marché en pleine expansion
recherche

SECRÉTAIRE-ASSISTANT(E)
DES VENTES

Parfaitement trilingue (Français – Anglais – Allemand écrit, parlé)
Très bonnes connaissances informatiques
Grandes qualités d'organisation
Excellente présentation
Salaire motivant

Envoyer C.V., photo, lettre à

BOCUIR & FILS, Service du Personnel,
2, rue Thumesnil, 59000 Lille Cedex

Bald sind interessante Antwortschreiben eingegangen:

Caroline Bison
21, rue Thiers
80000 Amiens

BOCUIR & FILS
Service du Personnel
2, rue Thumesnil
59000 Lille Cedex

Objet : Poste de secrétaire-assistante

Amiens, le 5 novembre 20…

Madame, Monsieur,

Comme suite à 1 ____________________ dans « Le Monde » de ce jour, 2 ____________________ pour le poste de secrétaire-assistante au sein de votre entreprise.

Je suis actuellement à la recherche d'un emploi à temps complet qui puisse me permettre de 3 ____________________ d'organisation et 4 ____________________ en anglais et allemand que j'ai pu approfondir 5 ____________________ à l'étranger.

De par mon emploi actuel 6 ____________________ une bonne maîtrise de l'informatique.

Ci-joint, vous trouverez mon curriculum vitae et des certificats qui vous renseigneront 7 ____________________ et mes activités antérieures.

Je serais très heureuse que 8 ____________________ au jour et à l'heure qui vous conviendront.

En espérant que ma candidature retiendra votre attention, je vous prie de croire, Madame, Monsieur, à l'assurance de ma considération distinguée.

Bison

▶ Brief 22: Lösung auf Seite 163

Helfen Sie Caroline Bison, die richtigen Ausdrücke in ihrem Bewerbungsschreiben zu verwenden:

1. *Sich auf eine Zeitungsannonce beziehen:*
   votre annonce apparue
   votre annonce parue
   votre parution

2. *Sich um eine Stelle bewerben:*
   je suis intéressée
   je suis candidate
   je pose ma candidature

3. *„meine Fähigkeiten entwickeln":*
   améliorer mes capacités
   augmenter mes qualités
   développer mes qualités

4. *„meine Kenntnisse einsetzen":*
   d'utiliser mes connaissances
   de profiter de mes expériences
   d'employer mon savoir

5. *„während mehrerer Praktika":*
   pendant des stages
   au cours de plusieurs stages
   lors de certains emplois

6. *„ich habe erworben":*
   j'ai appris
   j'ai gagné
   j'ai acquis

7. *„über meine Ausbildung":*
   quant à ma culture
   concernant ma scolarité
   sur ma formation

8. *Um ein Gespräch bitten:*
   vous me proposez un rendez-vous
   vous m'accordiez un entretien
   vous acceptez de me recevoir

Lebenslauf

- Vermeiden Sie einen zu langen Lebenslauf: 2 Seiten maximal.
- Verschicken Sie keine Fotokopie, sondern das Original.
- Erwähnen Sie weder Ihre Grundschul- noch Gymnasialausbildung, wenn Sie ein Hochschuldiplom oder andere gleichwertige Examina haben. Um auf die Entsprechung Ihrer Qualifikationen hinweisen zu können, erhalten Sie hier eine Übersicht über wichtige französische Abschlüsse:
  - **Le B.E.P. – Brevet d'Etudes Professionnelles:** Abschlusszeugnis nach zweijähriger Ausbildung an einer berufsbildenden Schule der Sekundarstufe II, einem **LEP (lycée d'enseignement professionnel)**, Qualifikation eines Facharbeiters oder Angestellten.
  - **Le C.A.P. – Certificat d'Aptitude Professionnelle:** „Berufsbefähigungszeugnis" nach dreijähriger **LEP**-Berufsausbildung.
  - **Le baccalauréat:** Abitur
  - **Le B.T.S. – Brevet de Technicien Supérieur:** Fachdiplom, das nach einer zweijährigen Ausbildung an den **Sections de Technicien Supérieur** der **Instituts universitaires** oder **Ecoles spécialisées** erworben wird.
  - **Le D.U.T. – Diplôme Universitaire de Technologie:** Abschlussprüfung der Fachhochschule.
  - **Le DEUG – Diplôme d'Etudes Universitaires Générales:** Universitätsdiplom, mit dem das zweijährige Grundstudium abschließt.
  - **Le DEA – Diplôme d'Etudes Approfondies:** Französische Hochschulprüfung vor der Promotion.
- Beachten Sie, dass es sich immer mehr durchsetzt, die berufliche Laufbahn nicht in chronologischer Abfolge, sondern beginnend mit der augenblicklichen bzw. letzten Arbeitsstelle darzustellen.
- Bemerkungen über Ihr privates Leben gehören – bis auf Freizeitbeschäftigungen, die für die gewünschte Stelle von Bedeutung sein könnten – nicht in den Lebenslauf.
- Vergessen Sie nicht, die Abkürzungen zu erläutern, z. B.: IHK = Industrie- und Handelskammer = **Chambre de Commerce et d'Industrie (C.C.I.)**.
- Zahlen werden nicht ausgeschrieben und müssen genau angegeben werden, d. h. sie dürfen nicht mit „environ" – *etwa* genannt werden.
- Wird ein Foto verlangt, heften Sie ein Passfoto oben rechts auf Ihren Lebenslauf.
- Unterschreiben Sie Ihren Lebenslauf nicht.
- Auf einem Lebenslauf steht kein Datum.

Weitere Informationen erhalten Sie auf der Internetseite der Europäischen Kommission unter: www.europass.cedefop.europa.eu/

Caroline Bison
21, rue Thiers
80000 Amiens
Tél. 22.32.46.13

Née le 3 octobre 1975 à Berlin
Nationalité française
Célibataire

TRILINGUE (FRANÇAIS, ALLEMAND, ANGLAIS)

Cinq années d'école primaire en RFA.
6 mois de stage chez HASGA en RFA.
Fréquents séjours en Grande-Bretagne.

FORMATION

1993	Baccalauréat
1995	Ecole supérieure de commerce
1996	B.T.S. Commerce International
	Cours du soir intensifs d'informatique à la Chambre de Commerce d'Amiens.

EXPERIENCES PROFESSIONNELLES

Depuis janvier 1998	Secrétaire-assistante à mi-temps au service financier du Groupe H 2 E (installations électriques industrielles et tertiaires) à Saint-Quentin.
Septembre – décembre 1997	Stagiaire chez PUBLICAT, Agence de Presse à Strasbourg, au secrétariat de rédaction (maîtrise de la mise en page informatique).
Avril – juillet 1997	Stagiaire à la Société Sodog (groupe automobile), Paris : secrétariat à la direction des opérations internationales.
Octobre 1996 – mars 1997	Stagiaire chez HASGA à Lüdenscheid en RFA : correspondancière (allemand et français).

DIVERS

Animatrice du club informatique à la Maison des Jeunes d'Amiens.
Sports : gymnastique, judo.
Hobby : peinture d'icônes.

Einladung zu einem Vorstellungsgespräch

Frau Bison kann sich freuen: Sie hat die Antwort erhalten, dass ihre Bewerbung in die engere Wahl gezogen wurde.

(1) ____________________,

Nous vous remercions de votre candidature du 5 novembre (2) ____________________ de secrétaire-assistante (3) ____________________ notre entreprise.

Nous avons le plaisir de vous annoncer que celle-ci a particulièrement retenu notre attention.

Afin d'en (4) ____________________ (5) ____________________ une discussion approfondie, nous souhaiterions vous rencontrer le 15 novembre à 10 heures.

Nous vous prions de nous confirmer ce rendez-vous, par retour du courrier, par courriel ou en téléphonant au 27.38.57.13, poste 21.

Nous vous prions d'agréer, Mademoiselle, (6) ____________________.

1

▶ Brief 23: Lösung auf Seite 163

Setzen Sie mit Hilfe folgender Begriffe das Einladungsschreiben zu einem Vorstellungsgespräch auf:

1. *Die Anrede:*
   Chère Mademoiselle
   Très chère Madame
   Mademoiselle
2. *Welche Präposition ist richtig?*
   d'un poste
   à un poste
   sur un poste
3. *„in" unserem Unternehmen:*
   à
   au milieu de
   au sein de
4. *„die Prüfung fortsetzen":*
   continuer l'examination
   reprendre l'examen
   poursuivre l'examen
5. *Welche Präposition ist richtig?*
   par
   avec
   pour
6. *Die Grußformel:*
   notre considération distinguée
   nos compliments
   nos salutations distinguées

Textbausteine

Sich auf eine Anzeige beziehen

Comme suite à votre annonce parue dans... *(journal)*	Bezug nehmend auf Ihre Anzeige in ... *(Zeitung)*
J'ai relevé avec intérêt votre annonce parue dans...	Mit großem Interesse habe ich Ihre Anzeige in ... gelesen.
Votre annonce citée en référence a retenu mon attention.	Ihre oben erwähnte Anzeige hat mich aufmerksam gemacht.
Votre offre d'emploi citée en référence m'intéresse vivement.	Ihr oben erwähntes Stellenangebot interessiert mich sehr.
J'ai appris avec grand intérêt que votre société cherche à recruter...	Mit großem Interesse habe ich erfahren, dass Ihre Firma ... einstellen möchte.

Sich um eine Stelle bewerben

J'ai l'honneur de poser ma candidature au poste de...	Ich möchte mich um die Stelle als ... bewerben.
Je me permets de poser ma candidature au poste de...	Hiermit möchte ich mich um die Stelle als ... bewerben.
Je me permets de solliciter le poste de...	Ich erlaube mir, mich um die Stelle als ... zu bewerben.

Blindbewerbung

Etant actuellement à la recherche d'un (nouvel) emploi, je me permets de vous adresser mon curriculum vitae.	Da ich zur Zeit auf der Suche nach einer (neuen) Stelle bin, erlaube ich mir, Ihnen meinen Lebenslauf zuzusenden.
Je suis à la recherche d'un poste dans le domaine de...	Ich suche eine Stelle im Bereich ...
J'aimerais savoir s'il y aurait des possibilités de travail dans votre société.	Hiermit möchte ich mich nach der Möglichkeit einer Mitarbeit in Ihrer Firma erkundigen.
Je voudrais savoir si vous disposez d'un poste / si vous offrez un poste de...	Ich wüsste gern, ob Sie eine Stelle als ... anzubieten haben.
Je souhaiterais me joindre à l'équipe de vos collaborateurs.	Ich würde gern in Ihrem Team mitarbeiten.

Über sich und seine Berufserfahrung sprechen

Pendant ces... dernières années, j'ai été employé/e comme...	Während der letzten ... Jahre war ich als ... beschäftigt.
J'étais responsable de...	Ich war für ... verantwortlich.
Je m'occupais de...	Meine Aufgabe war ...
Je suis spécialisé/e en...	Mein Spezialgebiet ist ...

Actuellement j'occupe le poste de... / j'exerce l'emploi de...	Zur Zeit bin ich als ... beschäftigt.
J'ai été chargé/e de la création d'un service après-vente.	Ich war mit der Einrichtung des Kundendienstes beauftragt.
J'ai contribué activement à...	Ich habe aktiv an ... mitgewirkt.
J'ai participé à l'organisation de congrès.	Ich habe an der Organisation von Kongressen mitgewirkt.
J'ai assuré la liaison avec le responsable des services...	Ich war für den Kontakt zu dem Verantwortlichen der Abteilungen ... zuständig.
J'ai acquis une grande expérience dans la recherche marketing en travaillant dans le département marketing de Cocolo.	Ich konnte durch meine Arbeit in der Marketingabteilung von Cocolo vielfältige Erfahrungen auf dem Gebiet der Marktforschung sammeln.
Je parle couramment anglais et allemand.	Ich spreche fließend Englisch und Deutsch.
C'est une fonction pour laquelle je pense être parfaitement compétent/e.	Ich denke, für diese Aufgabe besonders geeignet zu sein.
Je pense avoir la formation nécessaire et les qualités requises pour le poste de...	Ich bin überzeugt, die für die Stelle als ... erforderliche Ausbildung und die gewünschten Fähigkeiten mitzubringen.
Je souhaite vivement assumer de nouvelles responsabilités à un poste de challenge.	Ich möchte sehr gern neue Verantwortung in einer anspruchsvollen Stellung übernehmen.
Je désire vivement approfondir mes connaissances dans le domaine de...	Ich möchte sehr gern meine Kenntnisse auf dem Gebiet ... vertiefen.

Auf seinen Lebenslauf verweisen

Ci-joint, vous trouverez mon curriculum vitae qui vous donnera de plus amples détails sur ma carrière à ce jour.	In der Anlage finden Sie meinen Lebenslauf mit weiteren Einzelheiten zu meiner bisherigen beruflichen Laufbahn.

Schlussformulierungen

Je me tiens à (votre) disposition pour fournir tout autre renseignement utile.	Zur Beantwortung weiterer Fragen stehe ich Ihnen gern zur Verfügung.
Je serais très heureux/-euse de pouvoir obtenir un entretien avec vous.	Ich würde mich sehr freuen, die Gelegenheit zu einem Gespräch mit Ihnen zu erhalten.
Je suis à votre entière disposition pour un entretien, au jour et à l'heure qui vous conviendront.	Wann immer es Ihnen recht ist, stehe ich gern für einen Gesprächstermin zur Verfügung.
Je ne pourrai venir à un entretien que le vendredi.	Gesprächstermine kann ich leider nur für freitags vereinbaren.
Je serai disponible à partir du 2 avril.	Ich bin ab dem 2. April verfügbar.
Dans l'attente de votre réponse que j'espère positive...	In der Hoffnung auf eine positive Antwort verbleibe ich ...

Eine Bewerbung annehmen

C'est avec un vif intérêt que nous avons examiné votre candidature à un poste de...	Mit großem Interesse haben wir Ihre Bewerbung für die Stelle als ... geprüft.
Nous avons le plaisir de vous informer que...	Wir freuen uns, Ihnen mitteilen zu können, dass ...
... votre candidature a été retenue.	... Ihre Bewerbung in die engere Wahl gezogen wurde.
... votre candidature pour le poste de... a été acceptée.	... Sie sich erfolgreich für die Stelle als ... beworben haben.
... vous êtes accepté/e pour le poste de...	... wir uns bezüglich der Stelle als ... für Sie entschieden haben.

Eine Bewerbung ablehnen

Nous avons le regret de vous informer que votre candidature n'a pas été retenue.	Wir müssen Ihnen leider mitteilen, dass Ihre Bewerbung nicht berücksichtigt werden konnte.
J'ai le regret de devoir vous informer que le poste est déjà pourvu.	Ich muss Ihnen leider mitteilen, dass die Stelle bereits vergeben ist.
Nous regrettons de n'avoir aucun poste vacant pour le moment.	Wir haben momentan leider keine Stelle frei.

Einen Gesprächstermin vorschlagen

Nous vous serions reconnaissants de bien vouloir vous présenter le... *(date)*, à... *(heure)*, ... *(lieu)*.	Wir wären Ihnen dankbar, wenn Sie sich am ... *(Datum)* um ... *(Uhrzeit)* in ... *(Ort)* vorstellen würden.

Anmerkungen

- Bringen Sie nicht die verschiedenen Ausdrücke mit dem Element **suite** durcheinander:
  à la suite de (= après) – *bezüglich, Bezug nehmend auf*
  comme suite à (= en réponse à) – *in Beantwortung, bezüglich*
  de suite (= à la file) – *hintereinander*
  tout de suite (= immédiatement) – *sofort*
  par suite de (= en raison de) – *wegen, aufgrund*

  Übrigens: Auch wenn rund 40 % der französischen Geschäftsbriefe mit „suite à" beginnen, ist dies nicht ganz korrekt, da es sich um eine verkürzte Form handelt. Verwenden Sie lieber **Comme suite à...** oder **A la suite de...**

- Wendungen, die Gefühle zum Ausdruck bringen, ziehen den **Subjonctif** nach sich:
  être heureux/-euse – *sich freuen,* **être surpris/e** – *überrascht sein,* **être étonné/e** – *erstaunt sein,* **être désolé/e** – *bedauern,* **regretter** – *bedauern,* **craindre** – *befürchten:*
  Je suis heureuse que vous m'accordiez un entretien.

- Verwechseln Sie nicht **la scolarité** – *die Schulausbildung,* **la formation** – *die (berufliche) Ausbildung,* **la culture** – *die Bildung* und **les études** – *das Studium.*

Sie sind dran!

1 Füllen Sie die Lücken in folgendem Bewerbungsschreiben.

Comme suite à votre annonce (1) ________________ dans « La Voix du Nord » (2) ________________ 23 juin, je me permets de vous (3) ________________ ma candidature pour le (4) ________________ de secrétaire au (5) ________________ de votre entreprise.

2 Auch dieses allgemein gehaltene Anschreiben muss noch vervollständigt werden.

Votre annonce (1) ________________ en référence (2) ________________ vivement. En effet, le poste que vous (3) ________________ correspond à celui que je (4) ________________. J'ai noté la perspective de (5) ________________ pour une entreprise leader de son (6) ________________ et la possibilité de mettre en pratique mes (7) ________________ en négociations commerciales.

3 Antworten Sie nun auf die folgende Annonce.

Société Conseil en Merchandising recherche son/sa

Responsable de clientèle.

Sa mission : Il/Elle sera chargé/e de grands budgets agro-alimentaires.
Son profil : Grande aptitude aux contacts commerciaux.
Formation : école de commerce ou équivalent.
Débutant/e ou 2/3 ans d'expérience professionnelle.

Adresser C.V. à :
Anne Dumarié, Actes d'achats, B.P. 23, 29107 Quimper.

▶ Lösung auf Seite 169

20 Persönliche Korrespondenz

Frau Fosset erfährt, dass ein ehemaliger Studienkollege die Leitung einer Schuhfabrik übernommen hat. Sie schickt ihm Glückwünsche.

De : c.fosset@etsbocuir.fr
Envoyé : vendredi 10 décembre 20…
A : j.meunier@bautta.fr
Objet : Félicitations

Cher Jean,

C'est avec joie que (1) ____________ (2) ____________ Président-directeur général de la société Bautta.

(3) ____________ vivement pour cette promotion qui, en fait, ne m'étonne guère, connaissant (4) ____________ dans le domaine commercial. Déjà à l'université, tous les copains t'appelaient, pour se moquer un peu de toi, « Jean, tête de Président » : tu t'en souviens ? Eh bien ! ils avaient raison ! Et je suis sûre que ta carrière ne fait que commencer.

J'espère que, malgré (5) ____________ , tu trouveras encore le temps de te consacrer à ta petite famille et à tes amis.

Encore une fois toutes mes félicitations, mes compliments et (6) ____________ .

(7) ____________ .

Corine

Corine Fosset
Directrice Commerciale, Ets Bocuir & Fils
2, rue Thumesnil
59000 Lille Cedex
France

Tel +33 (0)3 38 37 02 29
Fax +33 (0)3 38 47 12 26
Email: c.fosset@etsbocuir.fr

4

▶ E-Mail 24: Lösung auf Seite 163

Helfen Sie Frau Fosset, ihre Glückwünsche in die richtige schriftliche Form zu bringen:

1. *„ich habe erfahren":*
   j'ai su
   j'ai été informée
   j'ai appris

2. *„deine Ernennung zum …":*
   ton appel à
   ta nomination au poste de
   ta désignation comme

3. *„Ich gratuliere dir":*
   Je te fais l'éloge
   Je te félicite
   Je t'adresse des éloges

4. *„deine Fähigkeiten und deine Kompetenz":*
   tes capacités et ta compétence
   tes qualités et ta capacité
   tes possibilités et ton acquis

5. *„deine neuen Verantwortungen":*
   tes récentes positions
   tes obligations actuelles
   tes nouvelles responsabilités

6. *Viel Erfolg wünschen:*
   mes souhaits de pleine réussite
   mes désirs de grands succès
   mes vœux de réussite

7. *Die Grußformel:*
   Cordialement
   Toutes mes amitiés
   Affectueusement

Einige Tage später beantwortet Frau Fosset die Neujahrswünsche ihrer Freundin Elisabeth.

(1) ______________,

(2) ______________ *ta gentille lettre et tes bons vœux. A mon tour je t'envoie* (3) ______________ *pour la nouvelle année. Qu'elle t'apporte santé, bonheur et prospérité et qu'elle nous donne l'occasion de nous revoir. Mais comme tu le sais, mes occupations professionnelles m'accaparent beaucoup et les semaines passent si vite. Et puis* (4) ______________ *, j'avoue que mes pensées, depuis quelque temps, vont vers un certain Québécois (beau comme un Dieu !). Bref, je suis follement amoureuse. J'ai cru comprendre que je ne le* (5) ______________ *pas indifférent. Comme on dit, « l'espoir fait vivre ».*

En attendant de tout te raconter en détail, (6) ______________.

Corine

▶ Brief 25: Lösung auf Seite 164

Helfen Sie Frau Fosset beim Beantworten des Briefes ihrer Freundin:

1. *Die Anrede:*
   Très chère amie
   Chère Mademoiselle
   Chère Elisabeth
2. *Sich bedanken:*
   Je t'adresse mes remerciements pour
   J'ai le plaisir de te dire merci de
   Merci pour
3. *Ein glückliches Jahr wünschen:*
   tous mes souhaits de bonheur
   tous mes vœux de bonheur
   mes meilleurs souhaits
4. *Welche Wortstellung ist richtig?*
   pour ne te cacher rien
   pour te ne cacher rien
   pour ne rien te cacher
5. *Welche Verbform ist richtig?*
   laissai
   laissais
   laisserai
6. *Die Grußformel:*
   je t'embrasse
   amicalement
   reçois mon meilleur souvenir

Textbausteine

Glückwünsche aussprechen

formell

Je vous adresse par cette lettre mes chaleureuses / plus vives félicitations pour votre récente nomination au poste de...	Hiermit möchte ich Ihnen meine herzlichsten Glückwünsche zu Ihrer kürzlichen Ernennung / Beförderung zum / zur ... übermitteln.
Nous avons été très heureux d'apprendre votre nomination à la présidence de la société et voudrions vous en féliciter bien sincèrement. Nous vous souhaitons une complète réussite dans la direction des affaires de cette entreprise florissante.	Wir haben uns gefreut zu hören, dass Sie in den Vorstand der Firma berufen wurden, und gratulieren Ihnen dazu herzlich. Wir wünschen Ihnen allen erdenklichen Erfolg bei der Leitung dieses florierenden Unternehmens.
Nous souhaitons vous adresser nos félicitations à l'occasion du centenaire de votre société.	Wir möchten Ihnen zum hundertjährigen Bestehen Ihrer Firma unsere Glückwünsche übermitteln.
Veuillez recevoir nos plus sincères félicitations.	Wir senden Ihnen unsere herzlichsten Glückwünsche.
Ma femme se joint à moi pour vous adresser nos plus sincères félicitations.	Meine Frau und ich gratulieren Ihnen ganz herzlich.

informell

Nous venons d'apprendre la bonne nouvelle. Toutes nos félicitations pour vous et votre femme / mari pour la naissance de votre bébé à qui nous souhaitons une longue et belle vie.	Wir haben soeben von dem freudigen Ereignis gehört. Ihnen und Ihrer Frau / Ihrem Mann die herzlichsten Glückwünsche zur Geburt Ihres kleinen Jungen / Ihrer kleinen Tochter, dem / der wir ein langes und schönes Leben wünschen.

Tous nos vœux de bonheur / de bienvenue dans ce monde au petit Marc.	Dem kleinen Marc unsere herzlichsten Glückwünsche / ein herzliches Willkommen auf dieser Welt.
C'est avec une grande joie que nous avons reçu ton faire-part de mariage et nous nous empressons de t'adresser nos plus vives félicitations.	Deine Heiratsanzeige haben wir mit großer Freude erhalten. Wir gratulieren dir ganz herzlich.
Nous adressons aux jeunes mariés tous nos vœux de bonheur.	Wir senden dem jungen Paar all unsere Glückwünsche.
Je te souhaite un très joyeux anniversaire.	Ich wünsche dir alles Gute zum Geburtstag.
Reçois, ma chère, mes compliments et mes félicitations.	Ich sende dir, meine Liebe, meine besten Glückwünsche.
Nous te souhaitons beaucoup de succès.	Wir wünschen dir viel Erfolg.
Bravo et bonne chance.	Bravo und viel Glück!
Nos / Mes compliments pour cette réussite.	Unsere / Meine Glückwünsche zu diesem Erfolg.

Gute Wünsche zum Jahreswechsel

formell

M. et Mme Marin vous présentent leurs vœux de bonne et heureuse année.	Alles Gute im neuen Jahr wünschen euch / Ihnen Herr und Frau Marin.
Permettez-moi de vous souhaiter, Monsieur le Directeur, ainsi qu'à votre famille une heureuse année.	Erlauben Sie mir, sehr geehrter Herr Direktor, Ihnen und Ihrer Familie ein glückliches neues Jahr zu wünschen.
Nous vous souhaitons ainsi qu'à votre famille un joyeux Noël et une très bonne année 20… .	Wir wünschen Ihnen und Ihrer Familie ein frohes Weihnachtsfest und ein glückliches Jahr 20 … .

informell

Nous vous souhaitons à tous un Joyeux Noël, une très bonne année et une excellente santé !	Wir wünschen euch allen fröhliche Weihnachten, ein gutes neues Jahr und beste Gesundheit!
Tous nos meilleurs vœux pour Noël et le Nouvel An !	Frohe Weihnachten und ein gutes neues Jahr!
Nous espérons que cette nouvelle année t'apportera la réalisation de tous tes projets.	Wir hoffen, dass sich in diesem neuen Jahr alle deine Vorhaben verwirklichen lassen.
Je te souhaite de tout cœur une excellente année 20… .	Ich wünsche dir von ganzem Herzen alles Gute für das Jahr 20… .
Nous vous souhaitons de très bonnes fêtes de fin d'année.	Wir wünschen euch schöne Festtage / Feiertage.

Kondolenzschreiben

formell

Monsieur et Madame Legrand et leurs enfants adressent leurs sincères condoléances à Madame Jeanne Dufeu.	Herr und Frau Legrand und ihre Kinder möchten Frau Jeanne Dufeu ihr herzliches Beileid aussprechen.
J'ai été profondément attristé/e d'apprendre la disparition soudaine de M. Rigou, que nous connaissions comme un membre remarquable de votre équipe et comme un grand ami. Tous les membres de la société Compat transmettent leur profonde expression de sympathie à sa famille et à ses proches.	Die Nachricht vom plötzlichen Tod von Herrn Rigou, den wir alle als hervorragenden Mitarbeiter Ihres Teams und als guten Freund kannten, hat mich tief erschüttert. Wir alle von der Firma Compat möchten seiner Familie und seinen Freunden unser tiefes Mitgefühl ausdrücken.
Permettez-nous de vous assurer de l'expression de notre profonde tristesse.	Gestatten Sie uns, Sie unserer aufrichtigen Anteilnahme zu versichern.

weniger formell

Nous avons été profondément touchés d'apprendre la tragique disparition de Marie. C'est une grande perte pour tous ceux qui l'ont connue. Nous partageons votre peine et vous prions de recevoir nos sincères condoléances.	Die Nachricht von Maries tragischem Tod hat uns mit tiefer Trauer erfüllt. Er bedeutet einen großen Verlust für alle, die sie kannten. Wir teilen Ihren Schmerz und möchten Ihnen unser herzliches Beileid aussprechen.
C'est avec une profonde émotion que nous avons appris le malheur qui te frappe. Nous sommes de tout cœur avec toi dans cette dure épreuve.	Mit tiefer Erschütterung haben wir von dem Unglück erfahren, von dem du betroffen wurdest. Mit ganzem Herzen sind wir in dieser Zeit der schweren Prüfung bei dir.

Genesungswünsche

formell

J'ai été navré/e d'apprendre que vous êtes tombé/e malade. J'espère que cela n'est pas trop grave. Je vous prie d'accepter tous mes vœux de meilleure santé.	Es tat mir leid zu erfahren, dass Sie krank geworden sind. Ich hoffe, es ist nichts allzu Ernstes, und wünsche Ihnen baldige Genesung.
Nous avons été navrés d'apprendre votre accident. Cependant nous avons été soulagés de savoir que vous avez évité le pire. Nous vous adressons tous nos meilleurs vœux de complet et prompt rétablissement.	Die Nachricht von Ihrem Unfall tat uns sehr leid. Wir waren jedoch erleichtert zu hören, dass Sie das Schlimmste überstanden haben, und senden Ihnen die besten Wünsche für eine vollständige und schnelle Genesung.

informell

Je viens d'apprendre que tu as été opéré/e. J'espère que tout s'est très bien passé et que tu es en bonne voie de guérison.	Ich habe soeben erfahren, dass du operiert wurdest. Ich hoffe, du hast alles gut überstanden und bist auf dem Weg der Besserung.
Nous espérons que tu vas déjà beaucoup mieux.	Wir hoffen, dass es dir schon viel besser geht.
J'espère que tu vas vite te remettre / reprendre des forces.	Ich hoffe, dass du dich schnell erholen wirst / schnell wieder zu Kräften kommen wirst.
Rétablis-toi bien vite !	Werd schnell wieder gesund!

Anmerkungen

- Merken Sie sich einige Wendungen, die Gefühle ausdrücken:
  C'est avec (une grande) joie que…, C'est avec (grand) plaisir que…, C'est avec surprise que…, C'est avec (une grande) tristesse que…, C'est avec (une profonde / beaucoup d') émotion que…
- In Frankreich kann man sich mit dem Versenden der Neujahrswünsche ruhig etwas Zeit lassen: Bis Ende Januar gilt man noch nicht als unhöflich.

Sie sind dran!

1 Füllen Sie die Lücken in diesen Genesungswünschen.

J'ai été navré/e (1) ____________________ que vous avez (2) ____________________ un accident. Cependant j'ai été très (3) ____________________ de savoir que ce n'est pas (4) ____________________ . Je vous adresse (5) ____________________ de prompt (6) ____________________ .

2 Auch die Neujahrswünsche an einen Geschäftspartner müssen vervollständigt werden!

En cette fin d'année, je (1) ____________________ à vous présenter (2) ____________________ pour 20… . Je (3) ____________________ vivement que cette (4) ____________________ année soit celle d'un nouvel essor de nos relations commerciales.

▶ Lösung auf Seite 169

21 Elektronische Korrespondenz

Infolge der rasanten Entwicklung der Kommunikationsbranche sind auch bei der Firma Bocuir einige Neuerungen wie beispielsweise ein schnellerer Internetzugang und eine eigene Website notwendig geworden. Per Telefax schickt Frau Fosset eine entsprechende Anfrage an die Agentur GEMO Marketing et Multimédia.

Ets BOCUIR & FILS
M a r o q u i n e r i e

2, rue Thumesnil · 59000 Lille Cedex · Tél. : 03 38 37 02 25 · Fax : 03 38 47 12 26
info@etsbocuir.fr · www.etsbocuir.fr

Télécopie

A l'attention de : Monsieur Jacques Lanier
Société : GEMO Marketing et Multimédia
De la part de : Madame Fosset
Date : 14/11/20 …
Objet : demande d'accès sur Internet et création de site Web

Monsieur,

Notre (1) ____________, Monsieur Hugot de la Société Auriol, nous a préconisé vos prestations de services en tant que (2) ____________.

Afin de nous permettre d'être plus compétitifs, nous (3) ____________ nous procurer de nouveaux ordinateurs et obtenir une (4) ____________ plus rapide.

Pourriez-vous (5) ____________ relative à l'entretien de notre site Web ainsi que vos (6) ____________ et d'assistance technique.

Afin d'adapter les services que vous (7) ____________ indispensables pour satisfaire à nos besoins, nous serions heureux de vous accueillir (8) ____________ et de vous présenter notre entreprise.

(9) ____________ et de votre proposition concernant (10) ____________ de votre visite, veuillez croire, Monsieur, à l'expression de nos sentiments distingués.

Fosset

La Directrice Commerciale
Corine Fosset

Nombre de pages incluant celle-ci : 1
Si vous n'avez pas reçu la totalité de l'envoi, merci de nous téléphoner.

1

▶ Fax 26: Lösung auf Seite 164

Vervollständigen Sie dieses Fax mit Hilfe der nachfolgenden Vorgaben:

1 *„Geschäftspartner“:*
partenaire d'affaires
partenaire de commerce
partenaire commercial

2 *„(Internet-) Provider“:*
fournisseur d'accès
prestataire de services
fournisseur de connexion

3 *wir „möchten“:*
aimerions
aimons
aimions

4 *„Internetanschluss“:*
liaison Internet
connection Internet
branchement Internet

5 *„uns ein Angebot unterbreiten“:*
me remettre une offre
nous faire une offre
nous soumettre une offre

6 *„Abonnementleistungen“:*
prestations d'abonnement
systèmes d'abonnement
conditions d'abonnement

7 *Welche Verbform passt?*
jugiez
jugerez
jugez

8 *„persönlich“:*
personnel
individuellement
personnellement

9 *Sie erwarten die Zustimmung des Providers:*
En attente de votre permission
En attendant que l'accord
Dans l'attente de votre accord

10 *„Tag und Uhrzeit“ Ihres Besuches:*
la date et le moment
le jour et l'heure
la date et l'horaire

Da die Konkurrenz unter den Dienstleistungsanbietern sehr groß ist, sendet die Agentur umgehend ein Fax mit einem Angebot über ein Gesamtpaket an Leistungen und kündigt den Besuch eines Kundenberaters an.

télécopie **GEMO** Marketing et Multimédia

Tél. 01 87 65 98 21 e-mail: info@gemo.fr
Fax 01 87 65 47 81 Internet: www.gemo.fr

A l'attention de :	Madame Fosset
Société :	Ets Bocuir & Fils, Fax 38 47 12 26
De la part de :	M. Jacques Lanier
Date :	le 15 novembre 20…
Objet :	votre demande du 14 novembre dernier

Madame,

(1) ________________ de vous simplifier la vie, de multiplier (2) ________________ en signalant votre entreprise sur Internet. Bienvenue dans le monde des (3) ________________ !

Notre service « conseil-clientèle » vous remercie d'avoir fait confiance en (4) ________________ et sa fiabilité et vous propose la visite de Monsieur Jean Cousin, conseiller technique, qui (5) ________________, le 2 décembre 20… à 9 heures.

Nous sommes heureux de (6) ________________ et sommes prêts à vous guider étape par étape dans la mise en route et (7) ________________, modifiables (8) ________________, selon vos impératifs commerciaux.

En page 2 et 3 de ce courrier, vous trouverez nos offres actuelles en accès illimité, nos formules d'abonnement (9) ________________, avec votre nom Internet offert gratuitement, nos (10) ________________ pour démarrer dans le commerce électronique, et vous proposons des services en ligne performants.

Dans l'attente de pouvoir effectuer notre démonstration, je vous prie de croire, Madame, en l'assurance de mes sentiments dévoués.

Jacques Lanier

Le Directeur Marketing
Jacques Lanier

Nombre de pages : 3
Si vous n'avez pas reçu la totalité de l'envoi, merci de nous téléphoner.

2

▶ Fax 27: Lösung auf Seite 164

Vervollständigen Sie nun das Antwortfax der Agentur mit den richtigen Wendungen:

1. *„Sie haben etwas beschlossen“:*
   Vous avez pris la décision
   Vous décidez
   Vous avez un projet
2. *„Ihre Leistungsfähigkeit“:*
   votre record
   vos résultats
   vos performances
3. *„Internet-Surfer“:*
   utilisateurs d'Internet
   abonnés à Internet
   internautes
4. *„sein Know-how“:*
   son savoir-faire
   ses capacités
   son savoir
5. *„wird sich bei Ihnen in der Firma melden“:*
   se présentera à votre bureau
   se rendra aux bureaux de l'entreprise
   ira chez vous
6. *„Ihre Website entwerfen“:*
   créer votre page
   installer votre adresse Web
   concevoir votre site Web
7. *„die Aktualisierung Ihrer Webseiten“:*
   la mise à l'heure de votre site Web
   l'entretien de vos pages Web
   la modernisation de votre page
8. *„jederzeit“:*
   chaque moment
   à tout moment
   tout le temps
9. *„monatlich oder jährlich“:*
   au mois ou à l'année
   mensuel ou annuel
   par mois et par an
10. *„Software“:*
    matériel informatique
    logiciels
    équipements d'ordinateur

Textbausteine

Einen Internetzugang beantragen und nutzen

J'aimerais équiper mon ordinateur d'un logiciel conçu pour se connecter / se signaler aisément à l'Internet / sur Internet.	Ich möchte meinen Computer mit einer Software ausstatten, die einen problemlosen Internetzugang ermöglicht.
Disposez-vous d'une liaison téléphonique ISDN (RNIS = réseau numérique à intégration de services) ?	Verfügen Sie über einen ISDN-Anschluss?
Quels services en ligne offrez-vous ?	Welche Online-Dienste bieten Sie an?
Le fournisseur de service offre des services en ligne spécifiques (bourse, météo, archives de journaux).	Der Provider bietet spezifische Online-Dienste (Börse, Wetter, Presse) an.
Je dispose d'une connexion à l'Internet permettant d'appeler le PoP (Point of Presence) le plus proche.	Ich verfüge über einen Internetanschluss mit einer Software, die den nächstmöglichen Einwahlknoten anwählen kann.

J'aimerais souscrire un abonnement mensuel/annuel auprès d'un fournisseur d'accès.	Ich möchte einen Abonnementvertrag für einen Monat/für ein Jahr bei einem Provider abschließen.
Nous avons adopté un système/une formule d'abonnement à prix fixe offrant 10 heures de connexion gratuites.	Wir haben uns für ein Festpreis-Abonnement mit 10 Stunden kostenlosem Zugang entschieden.
Naviguer sur Internet.	Im Internet surfen.
Bienvenue sur nos pages Web/dans le monde des internautes !	Willkommen auf unseren Webseiten!

Kommunizieren per E-Mail

par e-mail/par courriel/par courrier électronique	per E-Mail
Nous disposons de 6 adresses électroniques.	Wir verfügen über 6 E-Mail-Adressen.
Veuillez me faire parvenir un e-mail/courriel ou un fax.	Senden Sie mir bitte eine E-Mail oder ein Fax.
Participer à des forums de discussion.	An Newsgroups/Diskussionsforen teilnehmen.
Faites des achats en ligne.	Shoppen Sie Online!
En tapant cette adresse vous pouvez visiter notre site Web.	Wenn Sie diese Adresse eingeben, können Sie unsere Website besuchen.
Vous y trouverez les conditions générales de notre commerce électronique démarré il y a deux semaines.	Dort finden Sie die allgemeinen Bedingungen unseres Internetverkaufs, der vor 2 Wochen gestartet ist.
Visitez notre vitrine en ligne et informez-vous 24 h sur 24 sur nos produits.	Besuchen Sie unseren Online-Shop und informieren Sie sich rund um die Uhr über unsere Produkte!
Profitez de nos offres spéciales sur Internet et cliquez tout simplement votre commande.	Nutzen Sie unsere Internetangebote und bestellen Sie einfach per Mausklick!

Schwierigkeiten

Votre message/e-mail/courriel n'a pas été reçu.	Ihre Mail wurde nicht empfangen.
Si le serveur ne reconnait pas l'adresse de destination, il vous informera par e-mail/courriel.	Wenn der Server die Empfängeradresse nicht erkennt, werden Sie per E-Mail benachrichtigt.
L'adresse de notre correspondant n'a pas été correctement libellée.	Die Internetadresse wurde nicht korrekt eingegeben.
L'adresse du destinataire est erronée.	Die Empfängeradresse ist fehlerhaft.
Ce service en ligne nous permet de demander un accusé de réception.	Mit diesem Online-Dienst können Sie im Zweifelsfall eine Empfangsbestätigung anfordern.

Anmerkungen

- Für *E-Mail* werden Sie in der gesprochenen französischen Sprache meist „imél" (**e-mail**) und **mél** hören. Doch Vorsicht: Die einzigen seit 2003 offiziell zugelassenen Bezeichnungen sind **courrier électronique**, **courriel** und **message électronique** (siehe dazu auch S. 102). Lediglich bei den Adressangaben in einem Dokument (Briefpapier, Visitenkarte, ...) darf – offiziell – auch **Mél.** vor der E-Mail-Adresse stehen, ähnlich wie **Tél.** vor der Telefonnummer.

- Beachten Sie, dass **se connecter à l'Internet** ebenso verwendet wird wie **se connecter sur Internet**.

- Überall auf der Welt hat sich die Telekommunikation rasant weiterentwickelt. In Frankreich benutzt man sehr häufig das **Minitel**, das 1985 auf den Markt kam (entspricht dem deutschen BTX = Bildschirmtext). Ein kleiner Computer, der an das Telefon angeschlossen ist, ermöglicht mittels eines Codes den Zugriff auf ein elektronisches Telefonbuch, auf Informationen über Spielbeginn und Reservierungen von Karten für Veranstaltungen usw. Auch kann man Fahrkarten über das Minitel bestellen, z. B. Code 3615 für die **SNCF** (**Société Nationale des Chemins de Fer Français** = frz. Staatseisenbahnen). Seine einfache Handhabung hat die Franzosen mit dem Umgang elektronischer Informationsbeschaffung vertraut gemacht, doch wird es mehr und mehr durch das Internet ersetzt.

- Das Adjektiv **commercial** wird auf Deutsch unterschiedlich wiedergegeben.
  Man sagt: **le partenaire commercial** – *der Geschäftspartner/der Handelspartner,* **les relations commerciales** – *die Geschäftsbeziehungen,* **l'année commerciale/l'exercice** – *das Geschäftsjahr,* **le service commercial** – *die Verkaufs-/Vertriebsabteilung,* **le centre commercial** – *das Einkaufszentrum.*

- Beachten Sie, dass bei reflexiven Verben das **Passé composé** mit **être** gebildet wird, wobei das **Participe passé** jedoch nicht immer angeglichen wird, je nachdem, ob das Reflexivpronomen direktes oder indirektes Objekt ist:
  Les partenaires commerciaux se sont revus lors d'un dîner d'affaires.
  (revoir **qn**: se = direktes Objekt).
  L'entreprise s'est connectée sur Internet.
  (connecter **qc**: se = direktes Objekt).
  Ils se sont envoyé des e-mails.
  (envoyer qc **à** qn: se = indirektes Objekt; des e-mails = nachstehendes direktes Objekt).
  L'assistante de direction s'est permis de rappeler le rendez-vous à son chef.
  (permettre qc **à** qn: s' = indirektes Objekt; de rappeler le rendez-vous à son chef = nachstehendes direktes Objekt).

Sie sind dran!

Vervollständigen Sie diese Textausschnitte aus dem Bereich des Internets:

1

Si vous êtes (1) ____________________ à l'Internet, vous avez la possibilité de visiter notre (2) ____________________, de passer vos commandes 24 h sur 24 et surtout de bénéficier de nos offres conçues spécialement pour l'ouverture de notre commerce (3) ____________________.

2

Grâce à ce (1) ____________________ performant, notre entreprise présente désormais ses produits sur (2) ____________________ dont la mise à jour est effectuée en permanence.

3

Veuillez nous contacter (1) ____________________ pour traiter ce dossier rapidement.

4

Je regrette que votre message n'ait pas été (1) ____________________ à temps. En principe, quand le (2) ____________________ ne reconnaît pas l'adresse du destinataire, il informe par e-mail.

▶ Lösung auf Seite 170

22 Telekonferenzen

Die Firma Bocuir unterhält in Frankreich und im Ausland Tochterfirmen, mit denen sie sich regelmäßig austauschen möchte, ohne kostenintensive Aufwendungen für Reisen zu haben. Die Direktionsassistentin, Frau Dunot, hat sich über verschiedene Möglichkeiten der elektronischen Kommunikation erkundigt und sich für die nächste Sitzung der Geschäftsleitung die drei wichtigsten Argumente notiert.

1. La conférence-téléphone à trois est pratiquée par une grande partie de nos services, au sein de l'entreprise tout comme dans nos filiales et succursales établies à l'étranger. La réunion-téléphone se fait à partir d'un (1) ____________________ sur lequel il faut d'abord entrer un code et ensuite (2) ____________________ le numéro des interlocuteurs concernés. Un procédé peu coûteux, mais insuffisant, vu l'ampleur de notre réseau de distribution.

2. La vidéoconférence, un système plus sophistiqué, plus convivial, permet de se parler, de se voir, de présenter des produits, des documents, des graphiques. Elle peut s'effectuer dans nos locaux ou dans des studios publics (3) ____________________ et être assistée d'un opérateur du service commercial des télécommunications. La réservation est (4) ____________________.

3. Pour les **conférences-multimédia** que nous permet (5) ____________________ l'accès à l'Internet, à partir de chaque ordinateur, il existe sur le marché de la télécommunication des (6) ____________________ à des prix très abordables si on considère leurs avantages au point de vue confort d'installation, facilité d'utilisation et mobilité comme le montre la documentation technique.

▶ Text 28: Lösung auf Seite 164

Vervollständigen Sie nun diese Notizen, indem Sie jeweils einen der folgenden Begriffe auswählen:

1. *von einer „Fernsprechanlage" aus:*
   cabine téléphonique
   réseau de téléphone
   poste de téléphone

2. *„wählen":*
   composer
   faire
   appareiller

3. *„ausgestattet":*
   installés
   aménagés
   munis de

4. *„Pflicht":*
   de rigueur
   obligée
   utile

5. *„von nun an":*
   depuis
   dès maintenant
   désormais

6. *„tragbare Geräte":*
   appareils portables
   ustensiles portatifs
   appareils mobiles

Der Generaldirektor von Bocuir, Herr Lempereur, hat sich dafür entschieden, sein Unternehmen mit dem Videokonferenz-System P 780 ausstatten zu lassen. Versuchsweise möchte er wöchentlich ein Meeting abhalten. Seine Assistentin soll nun eine dienstliche Mitteilung abfassen und sie allen Direktoren der Tochterfirmen und Zweigniederlassungen zur Kenntnisnahme zuschicken.

Ets BOCUIR & FILS
M a r o q u i n e r i e

2, rue Thumesnil · 59000 Lille Cedex · Tél. : 03 38 37 02 25 · Fax : 03 38 47 12 26
info@etsbocuir.fr · www.etsbocuir.fr

Lille, le 8 janvier 20…

NOTE DE SERVICE N° 6

Destinataires : Aux directions des filiales et succursales
Objet : Mise en place de vidéoconférences hebdomadaires

Vous savez certainement que seul un bon (1) ____________________ peut favoriser l'évolution que connaît actuellement notre maison.

Cela est possible en (2) ____________________ de plus en plus fréquemment afin de coordonner nos activités et d'analyser régulièrement la situation du marché.

Nos réunions au siège de Lille sont nécessaires mais (3) ____________________ une organisation telle qu'elles (4) ____________________ parfois le rythme du travail et entraînent ainsi des (5) ____________________ élevés.

Pour remédier à ces problèmes, nous proposons des (6) ____________________ qui seront mises en place, (7) ____________________ , à partir du 1er mars, tous les vendredis dès 11 heures.

Nous comptons sur vous pour (8) ____________________ cette nouvelle expérience.

Marc Lempereur
La Direction Générale

3

▶ Brief 29: Lösung auf Seite 165

Ergänzen Sie die fehlenden Elemente in der Mitteilung mit Hilfe der nachfolgenden Liste:

1. *„Teamarbeit“:*
   travail équipé
   travail en groupe
   travail d'équipe
2. *„indem man sich berät“:*
   se concertant
   se rencontrant
   conseillant
3. *„voraussetzen“:*
   demandent
   exigent
   impliquent
4. *„die … durcheinanderbringen“:*
   dérangent
   perturbent
   déplaceraient
5. *„Reisekosten“:*
   charges
   coûts de déplacement
   dépenses de voyage
6. *„Videokonferenzen“:*
   vidéoconférences
   transmissions de vidéo
   réunions-vidéo
7. *„versuchsweise“:*
   à titre expérimental
   afin d'essayer
   par expérience
8. *„zum Erfolg führen“:*
   mener à bien
   mener au succès
   exécuter avec succès

Textbausteine

Verschiedene Arten schriftlicher Mitteilungen

L'assistante de direction rédige un rapport après avoir pris des notes au cours de la réunion.	Die Direktionsassistentin verfasst einen Bericht, nachdem sie während der Sitzung Notizen gemacht hat.
Veuillez formuler / exprimer vos désirs / vos revendications / vos propositions dans votre rapport qui sera adressé à la direction de la société.	Formulieren Sie bitte Ihre Wünsche / Forderungen / Vorschläge in Ihrem Bericht an die Firmenleitung.
Cette note de service s'adresse aux employés des services commerciaux / à tous les salariés de l'entreprise.	Diese Anweisung / dienstliche Mitteilung richtet sich an die Mitarbeiter der kaufmännischen Abteilungen / an alle Firmenangehörigen.
Veuillez établir une fiche de synthèse.	Fertigen Sie bitte eine Zusammenfassung / ein zusammenfassendes Merkblatt an.
Un compte rendu des conférences hebdomadaires de nos succursales vous sera remis.	Das Protokoll über die wöchentlichen Konferenzen unserer Filialen lassen wir Ihnen zukommen.

Tochtergesellschaften und Filialen anweisen

Nous avisons nos filiales et succursales du changement de nos procédés de communication.	Wir teilen unseren Tochtergesellschaften und Filialen mit, dass sich unser Kommunikationsmodus geändert hat.
Vous n'êtes pas sans savoir que les déplacements à l'étranger perturbent le rythme de travail.	Ihnen ist sicherlich bekannt, dass Auslandsgeschäftsreisen den Arbeitsablauf stören.
Nous vous suggérons de remédier à ces problèmes et vous proposons des vidéoconférences hebdomadaires / mensuelles.	Wir schlagen Ihnen vor, diese Probleme aus dem Wege zu schaffen, indem wir Ihnen wöchentliche / monatliche Videokonferenzen anbieten.

Konferenzmöglichkeiten

La conférence-téléphone est un procédé bien moins convivial que la vidéoconférence ou la conférence-multimédia par ordinateur.	Video- oder Multimediakonferenzen per Computer schaffen engere persönliche Kontakte als Telefonkonferenzen.
Le marché de la télécommunication offre des appareils portables très sophistiqués.	Auf dem Telekommunikationsmarkt werden technisch hochwertige tragbare Geräte angeboten.
La location de studios publics est onéreuse.	Das Mieten öffentlicher Konferenzstudios ist kostenintensiv.
L'opérateur peut visualiser des films, des documents, des données qui peuvent être commentés par les interlocuteurs.	Der Operator kann Filme, Dokumente, Daten einspielen, die von den Gesprächspartnern kommentiert werden.

Anmerkungen

- Beachten Sie, dass **la succursale** (einfache Erweiterung des Unternehmens auf einem inländischen oder ausländischen Markt) im Deutschen mit *Filiale* übersetzt wird.
  La filiale (rechtlich unabhängig, doch von der Stamm- / Muttergesellschaft kontrolliert, die an ihrem Vermögen beteiligt ist) heißt auf Deutsch *Tochtergesellschaft / -firma*.

- Unterscheiden Sie:
  quotidien/ne = 1 fois par jour – *täglich;*
  hebdomadaire = 1 fois par semaine – *wöchentlich;*
  mensuel/le = 1 fois par mois – *monatlich;*
  bimensuel/le = 2 fois par mois – *zweimal im Monat;*
  bimestriel/le = tous les 2 mois – *alle zwei Monate;*
  trimestriel/le = tous les 3 mois – *alle drei Monate;*
  semestriel/le = tous les 6 mois – *halbjährlich / -jährig;*
  annuel/le = 1 fois par an – *jährlich.*

Sie sind dran!

1 Ordnen Sie die folgenden Sätze und Satzteile, um den Text der dienstlichen Mitteilung wiederherzustellen.

Note de Service N° 7

1. Bien sûr, nos rencontres à Lille continueront à avoir lieu.
2. Vous trouverez, au verso, la note explicative de ce système.
3. A cet effet, le conseil administratif a décidé d'équiper notre entreprise d'appareils portables permettant une communication collective efficace.
4. L'expansion de notre maison nous contraint à fournir un travail de coordination plus étroite.
5. Je suis sûr que vous approuverez notre nouveau projet.
6. Marc Lempereur
   La Direction Générale

▶ Lösung auf Seite 170

23 Telefonieren

Eine alltägliche Situation: Man versucht, jemanden in seinem Büro telefonisch zu erreichen, jedoch ohne Erfolg. Auch Herr Schmidt von der Firma Belles Maisons muss zunächst vertröstet werden.

Dumont : Ets Bocuir & Fils, bonjour ! France Dumont à l'appareil.

Schmidt : Bonjour ! (1) ____________________ Mme Dubois, s'il vous plaît.

Dumont : Ne quittez pas, je vous (2) ____________________.
Je suis désolée, elle (3) ____________________.

Schmidt : Pourriez-vous me passer M. Dupuis du service de la comptabilité, s'il vous plaît ?

Dumont : Oui, un instant, je vous prie. Qui est (4) ____________________, s'il vous plaît ?

Schmidt : Peter Schmidt de la Société Belles Maisons.

Dumont : M. Schmidt, M. Dupuis est en réunion avec des visiteurs japonais. Voulez-vous lui (5) ____________________ un message ?

Schmidt : Oui, s'il vous plaît. Pourriez-vous lui dire que Peter Schmidt, j'épelle : S comme Suzanne, c – h – m – i – d – t, a un besoin urgent des derniers documents PDF. Il pourra (6) ____________________ au bureau jusqu'à 18 heures puis sur mon portable.

Dumont : Laissez-moi (7) ____________________, s'il vous plaît.

Schmidt : M. Dupuis connaît mon numéro au bureau et de portable. Je vous donne mon adresse mél pour qu'il (8) ____________________ m'envoyer les documents : c'est Schmidt, suivi de arobase, puis belles maisons au pluriel et en un seul mot, point fr.

Dumont : D'accord, (9) ____________________ : schmidt@bellesmaisons.fr, c'est bien ça ?

Schmidt : Oui, c'est bien ça. Pourriez-vous me donner le (10) ____________________ de M. Dupuis?

Dumont : C'est le trente-deux, quatre-vingt-quatorze.

Schmidt : Le trois, deux, huit, quatre…

Dumont : Non, c'est le trois, deux, neuf, quatre.

Schmidt : Je vous remercie, au revoir.

Dumont : Merci, au revoir.

2

▶ Text 30: Lösung auf Seite 165

Vervollständigen Sie das Telefongespräch mit Hilfe folgender Wendungen:

1. *„Ich hätte gerne (mit) … gesprochen":*
   donnez-moi
   je voudrais parler à
   je veux parler à
2. *Mit Frau Dubois verbinden:*
   lui transfère
   la passe
   la communique
3. *Sie „spricht gerade":*
   est en appel à l'autre téléphone
   est en train de parler
   est en communication sur une autre ligne
4. *Am Telefon sein:*
   à l'appareil
   à l'écouteur
   au fil
5. *Welches Verb ist richtig?*
   laisser
   donner
   passer
6. *„mich erreichen":*
   me joindre
   me connecter
   me communiquer
7. *„Ihre Telefonnummer":*
   vos téléphones
   vos coordonnées
   vos conversations téléphoniques
8. *Die richtige Verbform nach der Konjunktion „pour que":*
   peuve
   peut
   puisse
9. *„ich wiederhole":*
   je redis
   j'épelle
   je répète
10. *„Durchwahl":*
    numéro complet
    numéro direct
    numéro d'appel

Textbausteine

Sich melden, wenn das Telefon klingelt

Société Blanchard, bonjour ! Dupont à l'appareil.	Société Blanchard, guten Tag! Sie sprechen mit Herrn / Frau Dupont.
Clément et frères, bonjour ! Josée Lelièvre à l'appareil. Que puis-je faire pour vous ?	Clément et frères, guten Tag! Josée Lelièvre am Apparat. Was kann ich für Sie tun?
Allô ? Julie Morel à l'appareil.	Guten Tag! Julie Morel am Apparat.

Seinen Namen nennen (Anrufer)

Allô ? Bonjour, ici Jean Langlois de chez Clément et frères.	Guten Tag, mein Name ist Jean Langlois von Clément et frères.
Bonjour, Madame. C'est Pierre Michaud à l'appareil, de la société Alpha.	Guten Tag, hier ist Pierre Michaud von der Firma Alpha.

Nach dem Namen fragen

C'est M. Gagnon ?	Herr Gagnon?
▶ Oui, à l'appareil.	▶ Ja, am Apparat.
Bonjour, c'est bien Mme Roy à l'appareil ?	Guten Tag, spreche ich mit Frau Roy?
▶ C'est moi-même. Bonjour.	▶ Ja, das bin ich. Guten Tag.
Qui est à l'appareil, s'il vous plaît ?	Mit wem spreche ich bitte?
C'est de la part de qui ?	Wer ist am Apparat?

Nach dem richtigen Gesprächspartner suchen

Je voudrais parler à Mme Martin, s'il vous plaît.	Ich hätte gerne Frau Martin gesprochen, bitte./ Könnte ich bitte mit Frau Martin sprechen?
Est-ce que M. Picard est là ?	Ist Herr Picard zu sprechen?
J'aimerais parler à quelqu'un du service des ventes, si c'est possible.	Ich würde gerne mit jemandem aus der Verkaufsabteilung sprechen.
Pourriez-vous me passer le service à la clientèle, je vous prie ?	Können Sie mich bitte mit dem Kundenservice verbinden?
Oui, bonjour ! Le département de la comptabilité, s'il vous plaît.	Guten Tag! Die Buchhaltung, bitte.
Serait-il possible d'avoir le numéro de téléphone de Mme Martin, s'il vous plaît ?	Könnte ich bitte die Telefonnummer von Frau Martin haben?
Pouvez-vous me donner son numéro direct ?	Könnten Sie mir bitte seine / ihre Durchwahl geben?
Savez-vous où je peux joindre Mme Martin ? Je l'ai appelée plusieurs fois à son numéro habituel, mais ça ne répond pas.	Wissen Sie, wo ich Frau Martin erreichen kann? Ich habe es schon ein paar Mal unter ihrer Nummer versucht, aber es meldet sich niemand.

Weitervermitteln

Un instant, s'il vous plaît, je vous mets en communication avec lui / elle.	Einen Moment, ich verbinde Sie.
Ne quittez pas, je vous le / la passe.	Einen Augenblick bitte, ich stelle Sie durch.
Un instant, s'il vous plaît, je vais voir s'il / si elle est là.	Einen Moment bitte, ich schaue, ob er / sie da ist.
Ne quittez pas, je vous passe le service compétent.	Bleiben Sie dran, ich verbinde Sie mit dem zuständigen Kollegen / der zuständigen Abteilung.

Der Gesprächspartner ist nicht erreichbar

M. ... / Mme ...	Herr ... / Frau ...
... est en communication sur une autre ligne.	... spricht gerade.
... est en réunion.	... ist in einer Besprechung.
... n'est malheureusement pas là pour le moment.	... ist im Moment leider nicht da.
... n'est pas dans son bureau en ce moment.	... ist nicht am Platz.
... est absent/e.	... ist außer Haus.
... est allé/e déjeuner.	... macht Mittagspause.

Falsch verbunden

Je crois que vous faites erreur. Il n'y a personne de ce nom dans notre société.	Tut mir leid, aber ich glaube, das ist ein Irrtum. Wir haben niemanden mit diesem Namen in unserer Firma.
▶ C'est bien le 22.47.78.89 ?	▶ Ist dort die 22.47.78.89?
Non, ici c'est le 22.47.78.99	Nein, dies ist die Nummer 22.47.78.99.
▶ Je suis bien chez Monsieur Martin ?	▶ Bin ich richtig bei Herrn Martin?
Êtes-vous sûr que vous avez le bon numéro ?	Sind Sie sicher, dass Sie die richtige Nummer gewählt haben?
Vous devez avoir un faux numéro.	Sie haben sich verwählt.

Hilfe anbieten, wenn jemand nicht erreichbar ist

Je regrette, Mme Dupont est absente pour le moment. Puis-je vous aider ?	Es tut mir leid, Frau Dupont ist im Moment außer Haus. Kann ich Ihnen weiterhelfen?
Je peux vous renseigner ?	Kann ich Ihnen vielleicht weiterhelfen?
Voudriez-vous laisser un message ?	Möchten Sie eine Nachricht hinterlassen?
Devrait-elle / il vous rappeler ?	Soll sie / er Sie zurückrufen?
Quelles sont vos coordonnées ?	Wie ist Ihre Telefonnummer?
▶ Pourriez-vous lui demander de me rappeler ?	▶ Könnten Sie ihn / sie bitten, mich zurückzurufen?
▶ Quand puis-je le / la rappeler ?	▶ Wann ist er / sie wieder erreichbar?
Je lui dirai que vous avez appelé.	Ich gebe ihm/ihr Bescheid, dass Sie angerufen haben.
Je lui dis de vous rappeler dès son retour.	Ich sage ihm / ihr, er / sie möge Sie anrufen, sobald er / sie zurück ist.
Je lui transmettrai le message.	Ich werde ihr / ihm die Nachricht weiterleiten.

Verständigungsschwierigkeiten

Je vous entends très mal.	Ich verstehe Sie sehr schlecht.
Excusez-moi. Je ne vous entends pas. La ligne est mauvaise.	Tut mir leid. Ich höre Sie nicht. Die Verbindung ist schlecht.
Pourriez-vous parler plus fort, s'il vous plaît ?	Könnten Sie bitte lauter sprechen?
Pourriez-vous répéter, s'il vous plaît ?	Könnten Sie bitte wiederholen?
La ligne est mauvaise. Je vais vous appeler encore une fois.	Die Verbindung ist schlecht. Ich werde noch einmal anrufen.
On nous a interrompus.	Wir wurden unterbrochen.
Pardon ? Je n'ai pas bien compris.	Entschuldigung. Das habe ich nicht verstanden.
Pardon, je ne parle pas très bien le français. Pourriez-vous parler un peu plus lentement, s'il vous plaît ?	Entschuldigung, mein Französisch ist leider nicht sehr gut. Könnten Sie bitte etwas langsamer sprechen?

Mobiltelefon

Il peut aussi me joindre sur mon portable.	Er kann mich auf dem Handy erreichen.
Pourriez-vous me donner son numéro de portable, s'il vous plaît ?	Könnten Sie mir bitte seine / ihre Handynummer geben?
Son portable est éteint.	Er / Sie hat das Handy ausgeschaltet.
J'ai laissé un message sur sa boîte vocale.	Ich habe auf seine / ihre Mailbox gesprochen.
Avez-vous reçu mon message texte ?	Haben sie meine SMS bekommen?
La batterie de mon portable est vide. Je dois la recharger.	Der Akku meines Handys ist leer. Ich muss ihn aufladen.
La réception est mauvaise ici. Je ne vous entends pas très bien.	Der Empfang hier ist schlecht. Ich kann Sie kaum verstehen.
J'approche un tunnel. Nous serons bientôt coupés.	Die Verbindung wird gleich abbrechen, ich fahre gerade in einen Tunnel.

Das Gespräch beenden

Je vous remercie beaucoup. Au revoir.	Ich danke Ihnen (vielmals). Auf Wiederhören.
Merci de m'avoir aidé. Au revoir.	Vielen Dank für die Hilfe. Tschüss.
Bon, je vais vous confirmer tout ça par e-mail / courriel.	Gut, ich bestätige alles per E-Mail.

Anrufbeantworter

Vous êtes bien à la Société Dumont.	Sie sind verbunden mit der Firma Dumont.
Notre bureau est actuellement fermé.	Unser Büro ist zur Zeit nicht besetzt.
Vous appelez après les heures d'ouverture.	Sie rufen außerhalb unserer Geschäftszeiten an.

S'il vous plaît, laissez votre nom et votre numéro de téléphone et nous vous rappellerons dès que possible.	Bitte hinterlassen Sie Ihren Namen und Ihre Telefonnummer, wir rufen Sie baldmöglichst zurück.
S'il vous plaît, laissez un message après le bip sonore.	Bitte sprechen Sie nach dem Signalton.
Merci de votre appel.	Vielen Dank für Ihren Anruf.
Toutes les lignes sont occupées. Ne quittez pas. Nous vous répondrons dans les plus brefs délais.	Alle Mitarbeiter sind zur Zeit beschäftigt. Bitte legen Sie nicht auf, Sie werden gleich bedient.

Eine Nachricht auf dem Anrufbeantworter hinterlassen

Bonjour, c'est Amandine Pierrot, mon numéro de téléphone est le...	Guten Tag, hier ist Amandine Pierrot, meine Telefonnummer ist ...
J'ai un message pour M. / Mme ...	Ich habe eine Nachricht für Herrn / Frau ...
Pourriez-vous me rappeler le plus rapidement possible / au cours de la journée?	Würden Sie mich bitte so bald wie möglich / im Laufe des Tages zurückrufen?
C'est urgent.	Es ist dringend.
Merci, au revoir.	Vielen Dank, auf Wiederhören.

Anmerkungen

- Wenn Sie von Deutschland nach Frankreich telefonieren wollen, gehen Sie folgendermaßen vor:

  Wählen Sie die Vorwahl / Kennziffer für Frankreich **0033 +** die Vorwahl für die Zone / Region ohne die 0.
  (Frankreich ist in 5 große Zonen / Regionen aufgeteilt:
  01 = Ile de France; 02 = Nord-Ouest: Bretagne, Haute- et Basse-Normandie, Pays de Loire, Centre; **03 = Nord-Est:** Pas-de-Calais, Picardie, Bourgogne, Lorraine, Alsace, Franche-Comté; **04 = Sud-Est:** Auvergne, Rhône-Alpes, Provence-Alpes-Côte d'Azur, Corse, Languedoc-Roussillon; **05 = Sud-Ouest:** Poitou-Charentes, Aquitaine, Midi-Pyrénées.)

  Beispiel: Die Telefonnummer Ihres Gesprächspartners ist die 56.87.08.70.
  Wenn er in Paris wohnt (= Zone / Region **Ile-de-France**), wählen Sie 0033.**1**.56.87.08.70.
  Wenn er in Rennes wohnt (= Zone / Region **Nord-Ouest**), wählen Sie 0033.**2**.56.87.08.70.

  Die Landesvorwahl für Deutschland von Frankreich aus lautet **0049**.

- In den französischsprachigen Ländern meldet man sich normalerweise einfach mit **Allô ?** oder **Oui, bonjour**, ohne seinen Namen zu nennen. Im geschäftlichen Umfeld ist es allerdings üblich, sich mit Namen bzw. mit Firmennamen und Namen zu melden:
  Bonjour, Pierre Dumont à l'appareil.
  Société Blanchard, bonjour ! (Pierre) Dumont à l'appareil.

Manchmal ist es notwendig, am Telefon beispielsweise einen Namen zu buchstabieren, was meist nicht ganz einfach ist. Am besten benutzen Sie dazu das französische Buchstabieralphabet (siehe unten). Beim Buchstabieren sagt man: **A comme Albert, B comme Berthe...**

A	Anatole	**J**	Joseph	**S**	Suzanne
B	Berthe	**K**	Kléber	**T**	Thérèse
C	Célestine	**L**	Louis	**U**	Ursule
D	Désiré	**M**	Marcel	**V**	Victor
E	Eugène	**N**	Nicolas	**W**	William
F	François	**O**	Oscar	**X**	Xavier
G	Gaston	**P**	Pierre	**Y**	Yvonne
H	Henri	**Q**	Québec	**Z**	Zoé
I	Irma	**R**	Raoul		

Die „französischen" Buchstaben:

É	e accent aigu
È	e accent grave
Ê	e accent circonflexe
Ç	c cédille

Die „deutschen" Buchstaben:

Ä	a tréma
Ö	o tréma
Ü	u tréma

Nützliche Symbole:

-	le trait d'union
'	l'apostrophe
.	le point
;	le point-virgule
:	les deux-points
?	le point d'interrogation
!	le point d'exclamation
...	les points de suspension
( )	les parenthèses
« »	les guillemets
/	la barre oblique
****	la barre oblique renversée
~	le tilde
*****	l'astérisque
@	l'arobas(e)

Sie sind dran!

1 Stellen Sie die Wendungen zum Thema Telefonieren richtig zusammen:

1.	faire	a.	un message
2.	laisser	b.	un numéro
3.	être	c.	un appel
4.	composer	d.	le responsable des ventes
5.	passer	e.	en ligne

2 Sie sind Assistent/in von Frau Gélinas, der Kundendienstleiterin eines großen Unternehmens. Welche Auskunft geben Sie Ihrem Gesprächspartner in welcher Situation?

	Was Sie am Telefon sagen		**Die entsprechende Situation**
1.	« Madame Gélinas ne se trouve pas dans son bureau en ce moment. Pourriez-vous la rappeler cet après-midi ? »	a.	Frau Gélinas ist im Büro und hat Zeit für das Gespräch.
2.	« Un instant je vous prie, je vous la passe.»	b.	Frau Gélinas ist noch nicht im Büro.
3.	« Madame Gélinas est actuellement en ligne. Voulez-vous laisser un message ? »	c.	Frau Gélinas ist in einer Besprechung mit wichtigen Kunden.
4.	« Madame Gélinas est absente pour la journée. Elle sera de retour demain. »	d.	Frau Gélinas spricht auf einem anderen Apparat.
5.	« Madame Gélinas est actuellement en rendez-vous. Désirez-vous qu'elle vous rappelle ? »	e.	Frau Gélinas ist den ganzen Tag unterwegs.
6.	« Madame Gélinas n'est pas disponible pour le moment. Peut-être pourrais-je vous aider. C'est à quel sujet ? »	f.	Frau Gélinas hat darum gebeten, nur die wichtigen Anrufe durchzustellen, da sie sehr viel zu tun hat.

3 In die Notizen zum folgenden Telefongespräch haben sich einige Fehler eingeschlichen. Lesen Sie den Dialog und tragen Sie dann in das rechte Formular die richtigen Informationen ein.

Mme Martin : Société Importations Ling, bonjour.
M. Lachance : Bonjour Madame. Ici Francis Lachance de la Société WBM. Pourrais-je parler à Monsieur Falardeau, s'il vous plaît ?
Mme Martin : Ah ! Je regrette, Monsieur Falardeau est absent pour la journée. Voulez-vous lui laisser un message ?
M. Lachance : Oui, c'est au sujet de notre rendez-vous. Je viens d'apprendre que je dois partir d'urgence pour l'Algérie jusqu'à mardi prochain. Je dois donc annuler la rencontre de demain, vendredi de 13 à 14 heures. Savez-vous s'il est disponible mercredi prochain le 15, de 10 à 11 heures ?
Mme Martin : Un instant, je vérifie son emploi du temps... Non, Monsieur Falardeau sera en réunion jusqu'à 15 heures.
M. Lachance : Et à 16 heures, la même journée ?
Mme Martin : Cela conviendrait parfaitement.
M. Lachance : Je note donc le 15 à 16 heures. Merci Madame.
Mme Martin : Je vous vous remercie Monsieur Lachance. Au revoir.

Date : *5 mai*
Heure : *10 h 30*
À l'attention de : *M. Falardeau*

En votre absence

M. *François Lafrance*
Société *WMB*
Tél. *45 88 47 22*

Message :

Monsieur Lafrance doit reporter votre rendez-vous. Il doit recevoir d'urgence des clients d'Algérie. Le nouveau rendez-vous sera mercredi le 15 à 13 heures.

Hélène Martin

Date : *5 mai*
Heure : *10 h 30*
À l'attention de : *M. Falardeau*

En votre absence

M.
Société
Tél. *45 88 47 22*

Message :

▶ Lösung auf Seite 170

Musterbriefe und Lösungen

1 Eine Reservierung vornehmen

Fax 1 ▸ Seite 15

1 *Madame, Monsieur,*
2 *Nous vous prions* de bien vouloir 3 *réserver* une chambre individuelle avec salle de bain et W.C., si possible très calme, 4 *au nom de* Madame Corine Fosset, directrice commerciale, 5 *pour* les nuits du 1er au 5 mars 6 *inclus.*
Par ailleurs, nous tenons à préciser que Madame Fosset 7 *aimerait disposer* le matin d'une table de quatre personnes pour ses petits déjeuners d'affaires.
8 *Nous attendons votre confirmation* par fax ou par courriel.
9 *D'avance,* nous vous remercions de votre réponse.
Veuillez agréer, Madame, Monsieur, 10 *nos salutations distinguées.*

2 Eine Reservierung bestätigen

Fax 2 (positiv) ▸ Seite 22

1 *Madame,*
2 *Nous avons bien reçu* votre fax du 2 février et 3 *vous en remercions.*
4 *Nous avons réservé* au nom de Madame Corine Fosset, du 1er au 5 mars inclus, une chambre individuelle avec salle de bain, W.C., téléphone et téléviseur, 5 *donnant* sur le jardin de l'hôtel, au prix de 185 € la nuit, petit déjeuner, taxes et service compris.
6 *Nous tiendrons à la disposition* de Madame Fosset une table de quatre personnes pour ses petits déjeuners d'affaires.
7 *Nous apporterons* un soin particulier à l'agrément et au confort de son séjour.
Veuillez agréer, Madame, l'expression de 8 *nos sentiments dévoués.*

Fax 3 (negativ) ▸ Seite 23

Madame,
Nous avons bien reçu votre fax du 2 février et vous en remercions.
1 *Nous avons le regret* de devoir vous informer qu'en raison du Salon International du cuir notre hôtel sera 2 *complet* pour les dates que vous nous indiquez.
3 *Nous vous suggérons* de vous adresser à l'hôtel Soleil dont l'adresse est 4 *la suivante* : Hôtel Soleil, Koningsstraat 10, 1210 Bruxelles, tél. : 654.61.11, fax : 641.63.44, www.solotel.be.
Bien que cet hôtel, qui présente le même confort que le nôtre, soit situé dans un quartier un peu plus bruyant, 5 *nous sommes sûrs que* Madame Fosset en sera très satisfaite.
Nous espérons 6 *avoir le plaisir* d'accueillir les membres de votre société à une autre occasion.
Veuillez agréer, Madame, l'expression de nos sentiments dévoués.

3 Einen Termin vereinbaren

E-Mail 4 ▸ Seite 28

1 *Cher Monsieur,*
2 *Suite à* notre entretien téléphonique de la semaine dernière, j'ai le plaisir de vous confirmer que je participerai au Salon International du cuir à Bruxelles.
Comme vous aussi, 3 *vous avez l'intention* de vous y rendre, ce sera sans doute l'occasion de nous revoir.
4 *Etant donné qu'*il est assez difficile au salon de discuter affaires sans être dérangé, 5 *je vous propose* une rencontre au restaurant de l'hôtel Léopold mercredi le 3 mars à 20 heures.
6 *Nous pourrions ainsi* parler de nos nouveaux modèles et de leur distribution.
7 *Au cas où vous ne seriez pas disponible* ce soir-là, 8 *je vous serais reconnaissante de bien vouloir* me le faire savoir 9 *le plus rapidement possible* et de me fixer un autre rendez-vous.

D'avance, je vous remercie de votre réponse.
10 *Bien cordialement.*

4 Einen Termin bestätigen

E-Mail 5
(Terminvorschlag annehmen) ▶ Seite 34

Chère Madame,
1 *Je vous remercie* de votre e-mail du 10 février à laquelle je m'empresse de répondre. 2 *Je tiens à vous confirmer* que 3 *je serai disponible* mercredi le 3 mars au soir. C'est donc avec plaisir que 4 *j'accepte votre proposition* de dîner ensemble à 20 heures au restaurant de l'hôtel Léopold où il sera, 5 *en effet,* plus aisé de parler affaires.
J'ai par ailleurs quelques idées à vous soumettre en ce qui concerne le marketing par téléphone.
Je suis sûr que la présentation de vos modèles au salon de Bruxelles 6 *rencontrera* un vif succès 7 *auprès* du public.
Cordialement.

E-Mail 6 (Termin verschieben) ▶ Seite 35

Chère Madame,
J'ai bien reçu votre e-mail 1 *du 10 courant* et vous en remercie.
2 *Je regrette beaucoup* de devoir vous informer que je ne serai pas disponible mercredi le 3 mars au soir. En effet, je n' 3 *arriverai* à Bruxelles que le 4 mars au matin.
4 *Verriez-vous un inconvénient* à ce que 5 *nous reportions* le rendez-vous au lendemain ?
6 *J'espère que* cela vous sera possible et ne perturbera pas trop votre emploi du temps.
Je vous remercie d'avance de votre réponse.
Cordialement.

5 Informationen einholen

Brief 7 ▶ Seite 39

1 *Messieurs,*
Votre publicité, parue dans « Le Monde » du 18 février, 2 *m'a vivement intéressé.* Je souhaiterais donc 3 *recevoir de plus amples informations* concernant vos modèles.
4 *Ayant l'intention* de diversifier davantage la gamme de nos produits, 5 *je recherche* actuellement de nouveaux fournisseurs. C'est pourquoi je vous serais reconnaissant de me faire parvenir votre catalogue 6 *ainsi que* les prix en vigueur et les conditions de livraison.
7 *Si vous êtes en mesure de* livrer à des prix concurrentiels, 8 *je serai disposé* à vous passer très prochainement une commande d'essai.
9 *Dans l'attente* d'une prompte réponse de votre part, je vous prie de croire, Messieurs, à l'expression de 10 *mes sentiments distingués.*

6 Eine Bestellung aufgeben

Brief 8 ▶ Seite 45

Madame,
J'ai bien reçu votre catalogue et 1 *vos conditions de vente* et de livraison. Je vous remercie de la rapidité de cet envoi.
Après examen, certains de vos articles ont 2 *particulièrement* retenu mon attention. En conséquence, 3 *à titre d'essai,* 4 *je vous passe la commande* ci-après :
...
Afin d'élargir très rapidement mon programme, je souhaiterais que la livraison me 5 *parvienne* 6 *avant la fin du mois.*
7 *Veuillez me faire savoir* s'il vous sera possible de 8 *respecter ce délai.*
9 *Je réglerai votre facture* comme vous le souhaitez, 10 *dès réception de la marchandise.*
Si cette livraison me donne satisfaction, je serai prêt à vous passer d'autres commandes.
Je vous suis d'avance très reconnaissant de votre obligeance et vous prie de croire, Madame, à l'expression de mes sentiments distingués.

7 Bestellungen beantworten

Brief 9 ▸ Seite 51

Monsieur,

(1) *Nous avons bien enregistré* votre commande du 8 mars et vous en remercions.

Cependant (2) *nous tenons à* vous signaler qu'à la suite d'un afflux de commandes, (3) *nous ne serons pas en mesure* de vous livrer les sacs polochon, référence 602 D, d'ici la fin du mois. (4) *Ils seront livrables* dès le 5 avril.

Les autres articles pourront (5) *être expédiés* immédiatement par fret aérien.

(6) *Nous effectuerons* donc (7) *cette livraison* après votre accord.

Nous espérons que, (8) *malgré ce contretemps,* vous nous accorderez toute votre confiance. Soyez assuré que nous apporterons tous nos soins à (9) *l'exécution de votre commande.*

Dans l'attente de votre réponse, nous vous prions de croire, Monsieur, à l'expression de (10) *nos sentiments dévoués.*

8 Angebote

Brief 10 ▸ Seite 57

Madame, Monsieur,

(1) *En réponse* à votre lettre du 15 mars, (2) *nous avons le plaisir de vous envoyer* par ce même courrier notre dernier catalogue ainsi que les prix courants de nos imprimantes.

Nous nous permettons (3) *d'attirer votre attention* sur notre nouveau modèle, Colorrap, qui devrait répondre aux exigences de votre entreprise.

Colorrap, d'un maniement très simple, même pour les non-spécialistes, imprime directement et fidèlement votre document original en couleurs.

Si vous nous passez commande sous huitaine, vous pourrez profiter de notre offre promotionnelle particulièrement (4) *avantageuse* : nous accordons actuellement (5) *7% de remise* à nos clients, auxquels s'ajoutent 3% d'escompte (6) *en cas de paiement comptant.*

Le paiement devra s'effectuer par virement bancaire.

La livraison se fait dans un délai de deux semaines.

(7) *Nous livrons gracieusement* et procédons à l'installation et à la mise en marche des appareils.

En cas d'incident technique, le personnel très compétent de notre service après-vente se rend chez vous dans les 8 heures qui suivent votre appel.

Peut-être désirez-vous, afin de faciliter votre choix, que (8) *nous organisions* chez vous une démonstration de nos appareils. Dans ce cas n'hésitez pas à nous contacter.

(9) *Nous restons à votre entière disposition* pour tous renseignements complémentaires et espérons vous compter très prochainement parmi nos clients.

Nous vous prions de croire, Madame, Monsieur, à l'expression de nos sentiments dévoués.

9 Zahlungsbedingungen

Brief 11 ▸ Seite 63

(1) *Madame,*

(2) *Nous accusons réception de* votre lettre du 25 courant et vous remercions de l'intérêt que vous portez à nos modèles.

Nous vous communiquons, comme vous le souhaitez, nos (3) *conditions de paiement.*

Nos factures sont (4) *payables* dans les 30 jours (5) *à compter de la date de facturation,* (6) *sans déduction.*

Pour les commandes dépassant 6.000 €, nous sommes disposés à vous (7) *accorder une remise* de 15% sur le prix courant.

Le paiement (8) *devra s'effectuer* (9) *par virement bancaire* ou par crédit documentaire irrévocable.

Nous restons à votre disposition et pouvons vous assurer que vos ordres seront, bien entendu, toujours (10) *exécutés* avec le souhait de vous donner entière satisfaction.

Veuillez agréer, Madame, nos salutations distinguées.

10 Lieferbedingungen

Brief 12 ▶ Seite 69

Monsieur,

1 *Nous référant à* votre demande du 5 avril, nous vous informons que 2 *le délai de livraison* est de 4 semaines à compter de 3 *la réception de votre commande.*

L'envoi se fait par camion de Lille à Dunkerque, puis par bateau jusqu'au port de Fort-de-France où vous devrez vous-même 4 *réceptionner la marchandise.*

Nous vous communiquerons dès que possible les coordonnées du navire.

Nous emballons séparément chaque article dans une boîte en carton. Les boîtes sont mises dans des caisses en bois.

5 *Nos prix s'entendent* CAF pour le transport 6 *par terre et mer.*

7 *Si vous aviez besoin* d'une livraison plus rapide, 8 *nous serions prêts* à vous expédier la marchandise par fret aérien, mais dans ce cas vous devrez 9 *supporter les frais supplémentaires.*

Nous espérons être bientôt favorisés d'une commande qui 10 *fera* l'objet de nos soins attentifs.

Nous vous prions de croire, Monsieur, à l'expression de nos sentiments les plus dévoués.

11 Zahlungserinnerungen

Brief 13 ▶ Seite 74

1 *Monsieur,*

Nous vous avons adressé le 7 avril notre facture N° 133 2 *relative à* la commande 3 *mentionnée ci-dessus.*

Or, 4 *nous sommes surpris* de ne pas être, à ce jour, en possession de votre règlement. 5 *Il s'agit, sans aucun doute,* d'une erreur ou d'une omission de votre part.

6 *Nous vous serions reconnaissants* de nous 7 *faire parvenir votre versement* dès que possible.

8 *Si vous aviez, toutefois, procédé à ce règlement,* nous vous demandons d'avoir l'obligeance 9 *de ne pas tenir compte de cette lettre.*

10 *Nous vous prions d'agréer,* Monsieur, nos salutations distinguées.

12 Reklamationen

Brief 14 ▶ Seite 80

1 *Chère Madame,*

Le 2 mai, 2 *nous vous avons transmis* notre commande N° 97 dont vous trouverez ci-joint une photocopie. La livraison des marchandises était prévue pour le 16 mai 3 *au plus tard.*

Or, elle 4 *ne nous est parvenue que* le 26 mai. Ce retard de 10 jours nous a mis dans un grand embarras, étant donné que plusieurs clients attendaient avec impatience certains articles.

5 *Nous nous voyons au regret* de vous faire part d'un autre sujet de mécontentement. En effet, 6 *en procédant à la vérification* de l'envoi, 7 *nous avons constaté* que la couleur des valises livrées ne correspondait pas à la commande : nous désirions des valises noires et non des rouges.

Nous acceptons cependant de les garder si vous nous accordez 8 *une réduction de prix importante.*

Nous sommes d'autant plus surpris de devoir 9 *entreprendre cette démarche* que nous avons été, jusqu'à présent, très satisfaits de la qualité de vos produits et de l'efficacité de vos services.

Persuadés que 10 *vous consentirez à notre demande,* nous vous prions d'agréer, Madame, nos salutations distinguées.

13 Reklamationen beantworten

Brief 15 ▶ Seite 87

Cher Monsieur,

1 *Nous avons été navrés/Nous sommes désolés* d'apprendre par votre lettre du 28 mai que notre dernier envoi vous est parvenu avec 10 jours de retard et qu' une partie de la livraison ne 2 *correspondait* pas à votre commande.

3 *Votre mécontentement est tout à fait compréhensible.*
Nous avons donc immédiatement effectué les recherches nécessaires pour 4 *découvrir les raisons de ce contretemps.* Il s'avère que notre transporteur, 5 *suite à des problèmes d'organisation,* n'a pas été en mesure de vous livrer comme convenu. En outre, il a omis de nous en informer.
6 *Quant à la livraison* des articles non conforme à votre ordre, 7 *il s'agit d'une erreur* due à une confusion entre des références d'articles.
8 *Veuillez accepter nos sincères excuses.*
Comme vous signalez dans votre lettre que vous êtes prêt à garder les valises, nous vous les facturerons à 50% du prix du catalogue.
Nous espérons que 9 *cet incident n'altérera pas* nos relations commerciales.
10 *En vous remerciant de votre compréhension,* nous vous prions de croire, Cher Monsieur, à l'expression de nos sentiments les plus dévoués.

14 Verhandlungen und Vereinbarungen

Brief 16 ▸ Seite 93

Madame,
1 *Nous devons votre adresse* à Monsieur Fels de Munich que j'ai eu l'occasion de rencontrer au Salon International du cuir à Bruxelles.
Besace est une jeune entreprise familiale. Depuis sa création, il y a 5 ans, nous avons réussi à 2 *tripler notre chiffre d'affaires* et à conquérir des parts de marché importantes aux Etats-Unis. Désirant étendre nos activités en Europe, 3 *nous sommes à la recherche* d'une entreprise avec laquelle nous pourrions 4 *établir un partenariat.*
Nous vous proposons 5 *nos services de distribution* de vos produits dans notre pays. 6 *En échange,* vous diffuseriez les nôtres en Europe.
En effet, 7 *des études de marché* approfondies nous ont montré que les Européens s'intéressent de plus en plus à nos articles. Nous désirons donc être présents sur ce marché. De même, 8 *vous n'êtes pas sans savoir* que le Canada représente 9 *un marché porteur* pour vos produits haut de gamme.
Nous sommes sûrs que votre entreprise, tout comme la nôtre, 10 *pourrait profiter de* ce partenariat, puisque nos produits sont complémentaires : vous vous adressez à une clientèle qui aime l'élégance et le raffinement ; quant à nous, nous répondons aux besoins d'une clientèle sportive et passionnée de camping.
Nous espérons que cette proposition 11 *retiendra votre attention.*
Dans l'attente d'une réponse positive de votre part, je vous prie d'agréer, Madame, l'hommage de mon respect.

15 Einen Vertrag schließen

Brief 17 ▸ Seite 99

Monsieur,
1 *(Comme) suite à* notre entretien téléphonique de mardi dernier, j'ai le plaisir de vous confirmer l'accord de représentation vous réservant 2 *la vente exclusive* de nos produits au Canada.
3 *Ci-joint, vous trouverez* deux copies d'une proposition de contrat de représentation commerciale. Je vous saurais gré de bien vouloir en prendre connaissance et de 4 *m'en retourner un exemplaire* accompagné de vos commentaires ou 5 *des modifications* que vous souhaiteriez éventuellement apporter aux termes de ce contrat.
Je me tiens, bien entendu, à votre entière disposition 6 *pour tous renseignements complémentaires* concernant les conditions du contrat.
J'espère que celui-ci représentera le début d'une longue et productive coopération 7 *entre* nos deux sociétés.
Dans l'attente de votre réponse, je vous prie de croire, Monsieur, à l'assurance de mes sentiments distingués.

16 Dankschreiben

Brief 18 ▸ Seite 104

1 *Cher Monsieur,*
2 *Je tiens tout d'abord à vous remercier* pour 3 *l'excellent accueil* que vous avez su me réserver lors de mon séjour et pour 4 *les fructueuses réunions* organisées à mon intention.
Les visites fort intéressantes de Montréal et de ses environs 5 *m'ont enthousiasmée.*
Ce séjour 6 *riche en apports* tant professionnels que personnels m'a permis de mieux comprendre le fonctionnement de votre entreprise ainsi que 7 *votre politique de vente.*
Notre P.D.G., Monsieur Marc Lempereur, a été très intéressé par le rapport que je lui ai transmis 8 *dès mon retour.*
Nous souhaitons vivement qu' 9 *une coopération étroite et durable* s'établisse entre nos deux sociétés.
10 *Avec mes remerciements réitérés,* je vous prie de croire, Cher Monsieur, à l'assurance de mes salutations distinguées.

17 Einladungen

Brief 19 (Einladung) ▸ Seite 108

1 *Monsieur et Cher Client,*
Nous avons le plaisir de vous compter parmi 2 *nos clients les plus fidèles.* En effet, depuis maintenant plus de 8 ans, 3 *nous entretenons* des relations commerciales suivies.
Pour vous remercier de la confiance 4 *que* vous nous accordez, nous vous 5 *invitons bien cordialement* à un dîner-débat au Club Investissement, 15, avenue de l'Opéra, 75001 Paris, jeudi le 30 septembre à 20 heures.
6 *Nous compterons parmi* les intervenants Monsieur François Baragou, Conseil de l'Ordre des avocats à la Cour de Paris, qui parlera du « Droit européen des affaires ».
Comme votre entreprise exerce des activités de plus en plus nombreuses sur le marché européen, le thème de cette soirée ne manquera pas de vous intéresser.
7 *Nous espérons vivement* qu'il vous sera possible de 8 *participer à ce dîner-débat.* Nous vous serions reconnaissants de bien vouloir nous confirmer votre présence avant le 15 septembre, pour que 9 *nous puissions* effectuer les réservations nécessaires.
Dans l'espoir d'une réponse positive, nous vous adressons, Monsieur et Cher Client, nos salutations les plus dévouées.

Brief 20 (Antwortschreiben) ▸ Seite 110

Cher Monsieur,
C'est 1 *avec un très grand plaisir* que j'accepte l'invitation que vous avez bien voulu m'adresser et je vous en remercie 2 *vivement.* 3 *Je serai très heureux* de me rendre à votre dîner-débat au Club Investissement à Paris.
En effet, comme vous l'écrivez, le sujet de cette soirée m'intéresse particulièrement. Monsieur Baragou étant 4 *en outre* une personnalité de grande renommée, 5 *ce sera pour moi un honneur* d'assister à ce débat.
6 *En vous renouvelant* mes remerciements, je vous prie, Cher Monsieur, d'agréer l'expression de mes meilleurs sentiments.

18 Geschäftliche Mitteilungen

Brief 21 ▸ Seite 114

1 *Chère Madame, Cher Monsieur,*
2 *Toujours soucieux* de mieux satisfaire une clientèle de plus en plus exigeante, 3 *nous avons le plaisir de vous annoncer* que, grâce à un partenariat avec la société canadienne Besace, nous pouvons vous offrir, dès aujourd'hui, une gamme de produits encore plus diversifiée.
En feuilletant notre dernier catalogue, 4 *vous constaterez très vite* que nos produits, qu'ils soient élégants ou sportifs, classiques ou modernes, sont toujours aussi pratiques que novateurs.
Pour vous permettre de découvrir ces modèles de très grande qualité, 5 *nous vous avons réservé* une offre exceptionnelle : 6 *vous bénéficierez*

d'une réduction de 25% 7 *sur* toute commande passée avant la fin de ce mois.
Profitez donc de 8 *cette offre vraiment spéciale,* puisque nous aurons le plaisir de 9 *joindre à votre commande* un élégant stylo-plume noir très raffiné avec sa plume dorée. C'est notre façon amicale de vous remercier de la confiance que vous nous témoignez.
10 *Bien sincèrement.*

19 Stellenangebote und Bewerbungen

Brief 22 (Bewerbungsschreiben) ▸ Seite 120

Madame, Monsieur,
Comme suite à 1 *votre annonce parue* dans « Le Monde » de ce jour, 2 *je pose ma candidature* pour le poste de secrétaire-assistante au sein de votre entreprise.
Je suis actuellement à la recherche d'un emploi à temps complet qui puisse me permettre de 3 *développer mes qualités* d'organisation et 4 *d'utiliser mes connaissances* en anglais et allemand que j'ai pu approfondir 5 *au cours de plusieurs stages* à l'étranger.
De par mon emploi actuel 6 *j'ai acquis* une bonne maîtrise de l'informatique.
Ci-joint, vous trouverez mon curriculum vitae et des certificats qui vous renseigneront 7 *sur ma formation* et mes activités antérieures.
Je serais très heureuse que 8 *vous m'accordiez un entretien* au jour et à l'heure qui vous conviendront.
En espérant que ma candidature retiendra votre attention, je vous prie de croire, Madame, Monsieur, à l'assurance de ma considération distinguée.

Brief 23 (Antwortschreiben) ▸ Seite 124

1 *Mademoiselle,*
Nous vous remercions de votre candidature du 5 novembre 2 *à un poste* de secrétaire-assistante 3 *au sein de* notre entreprise.
Nous avons le plaisir de vous annoncer que celle-ci a particulièrement retenu notre attention.
Afin d'en 4 *poursuivre l'examen* 5 *par* une discussion approfondie, nous souhaiterions vous rencontrer le 15 novembre à 10 heures.
Nous vous prions de nous confirmer ce rendez-vous, par retour du courrier, par courriel ou en téléphonant au 27.38.57.13, poste 21.
Nous vous prions d'agréer, Mademoiselle, 6 *nos salutations distinguées.*

20 Persönliche Korrespondenz

E-Mail 24 ▸ Seite 129

Cher Jean,
C'est avec joie que 1 *j'ai appris* 2 *ta nomination au poste de* Président-directeur général de la société Bautta.
3 *Je te félicite* vivement pour cette promotion qui, en fait, ne m'étonne guère, connaissant 4 *tes capacités et ta compétence* dans le domaine commercial. Déjà à l'université, tous les copains t'appelaient, pour se moquer un peu de toi, « Jean, tête de Président » : tu t'en souviens ? Eh bien ! ils avaient raison ! Et je suis sûre que ta carrière ne fait que commencer.
J'espère que, malgré 5 *tes nouvelles responsabilités,* tu trouveras encore le temps de te consacrer à ta petite famille et à tes amis.
Encore une fois mes félicitations, mes compliments et 6 *mes souhaits de pleine réussite.*
7 *Toutes mes amitiés.*

Brief 25 ▸ Seite 130

1 *Chère Elisabeth,*
2 *Merci pour* ta gentille lettre et tes bons vœux. A mon tour je t'envoie 3 *tous mes vœux de bonheur* pour la nouvelle année. Qu'elle t'apporte santé, bonheur et prospérité et qu'elle nous donne l'occasion de nous revoir. Mais comme tu le sais, mes occupations professionnelles m'accaparent beaucoup et les semaines passent si vite. Et puis 4 *pour ne rien te cacher,* j'avoue que mes pensées, depuis quelque temps, vont vers un certain Québécois (beau comme un Dieu !). Bref, je suis follement amoureuse. J'ai cru comprendre que je ne le 5 *laissais* pas indifférent. Comme on dit, « l'espoir fait vivre ».
En attendant de tout te raconter en détail, 6 *je t'embrasse.*

21 Elektronische Korrespondenz

Fax 26 (Anfrage) ▸ Seite 135

Monsieur,
Notre 1 *partenaire commercial,* Monsieur Hugot de la Société Auriol, nous a préconisé vos prestations de services en tant que 2 *fournisseur d'accès.*
Afin de nous permettre d'être plus compétitifs, nous 3 *aimerions* nous procurer de nouveaux ordinateurs et obtenir une 4 *connection Internet* plus rapide.
Pourriez-vous 5 *nous soumettre une offre* relative à l'entretien de notre site Web ainsi que vos 6 *conditions d'abonnement* et d'assistance technique.
Afin d'adapter les services que vous 7 *jugez* indispensables pour satisfaire à nos besoins, nous serions heureux de vous accueillir 8 *personnellement* et de vous présenter notre entreprise.
9 *Dans l'attente de votre accord* et de votre proposition concernant 10 *le jour et l'heure* de votre visite, veuillez croire, Monsieur, à l'expression de nos sentiments distingués.

Fax 27 (Angebot) ▸ Seite 137

Madame,
1 *Vous avez pris la décision* de vous simplifier la vie, de multiplier 2 *vos performances* en signalant votre entreprise sur Internet. Bienvenue dans le monde des 3 *internautes !*
Notre service « conseil-clientèle » vous remercie d'avoir fait confiance en 4 *son savoir-faire* et sa fiabilité et vous propose la visite de Monsieur Jean Cousin, conseiller technique, qui 5 *se présentera à votre bureau,* le 2 décembre 20... à 9 heures.
Nous sommes heureux de 6 *concevoir votre site Web* et sommes prêts à vous guider étape par étape dans la mise en route et 7 *l'entretien de vos pages Web,* modifiables 8 *à tout moment,* selon vos impératifs commerciaux.
En page 2 et 3 de ce courrier, vous trouverez nos offres actuelles en accès illimité, nos formules d'abonnement 9 *au mois ou à l'année,* avec votre nom Internet offert gratuitement, nos 10 *logiciels* pour démarrer dans le commerce électronique, et vous proposons des services en ligne performants.
Dans l'attente de pouvoir effectuer notre démonstration, je vous prie de croire, Madame, en l'assurance de mes sentiments dévoués.

22 Telekonferenzen

Text 28 (Notizen) ▸ Seite 142

1. La conférence-téléphone à trois est pratiquée par une grande partie de nos services, au sein de l'entreprise tout comme dans nos filiales et succursales établies à l'étranger. La réunion-téléphone se fait à partir d'un 1 *poste de téléphone* sur lequel il faut d'abord entrer un code et ensuite 2 *composer* le numéro des interlocuteurs concernés. Un procédé peu coûteux, mais insuffisant, vu l'ampleur de notre réseau de distribution.

2. La vidéoconférence, un système plus sophistiqué, plus convivial, permet de se parler, de se voir, de présenter des produits, des documents, des graphiques. Elle peut s'effectuer dans nos locaux ou dans des studios publics 3 *aménagés* et être assistée d'un opérateur du service commercial des télécommunications. La réservation est (4) *de rigueur.*

3. Pour **les conférences-multimédia** que nous permet (5) *désormais* l'accès à l'Internet, à partir de chaque ordinateur, il existe sur le marché de la télécommunication des (6) *appareils portables* à des pris très abordables si on considère leurs avantages au point de vue confort d'installation, facilité d'utilisation et mobilité comme le montre la documentation technique.

Brief 29 (dienstl. Mitteilung) ▶ Seite 144

Note de service N° 6
Destinataires : Aux directions des filiales et succursales
Objet : Mise en place de vidéoconférences hebdomadaires
Vous savez certainement que seul un bon (1) *travail d'équipe* peut favoriser l'évolution que connaît actuellement notre maison.
Cela est possible en (2) *se concertant* de plus en plus fréquemment afin de coordonner nos activités et d'analyser régulièrement la situation du marché.
Nos réunions au siège de Lille sont nécessaires mais (3) *exigent* une organisation telle qu'elles (4) *perturbent* parfois le rythme du travail et entraînent ainsi des (5) *coûts de déplacement* élevés.
Pour remédier à ces problèmes, nous proposons des (6) *vidéoconférences* qui seront mises en place, (7) *à titre expérimental,* à partir du 1er mars, tous les vendredis dès 11 heures.
Nous comptons sur vous pour (8) *mener à bien* cette nouvelle expérience.

23 Telefonieren

Text 30 ▶ Seite 148

Dumont : Ets Bocuir & Fils, bonjour ! France Dumont à l'appareil.
Schmidt : Bonjour ! (1) *Je voudrais parler à* Mme Dubois, s'il vous plaît.
Dumont : Ne quittez pas, je vous (2) *la passe.* Je suis désolée, elle (3) *est en communication sur une autre ligne.*
Schmidt : Pourriez-vous me passer M. Dupuis du service de la comptabilité, s'il vous plaît ?
Dumont : Oui, un instant, je vous prie. Qui est (4) *à l'appareil*, s'il vous plaît ?
Schmidt : Peter Schmidt de la Société Belles Maisons.
Dumont : M. Schmidt, M. Dupuis est en réunion avec des visiteurs japonais. Voulez-vous lui (5) *laisser* un message ?
Schmidt : Oui, s'il vous plaît. Pourriez-vous lui dire que Peter Schmidt, j'épelle : S comme Suzanne, c – h – m – i – d – t, a un besoin urgent des derniers documents PDF. Il pourra (6) *me joindre* au bureau jusqu'à 18 heures puis sur mon portable.
Dumont : Laissez-moi (7) *vos coordonnées*, s'il vous plaît.
Schmidt : M. Dupuis connaît mon numéro au bureau et de portable. Je vous donne mon adresse électronique pour qu'il (8) *puisse* m'envoyer les documents : c'est Schmidt, suivi de arobase, puis belles maisons au pluriel et en un seul mot, point fr.
Dumont : D'accord, (9) *je répète* : schmidt@ bellesmaisons.fr, c'est bien ça ?
Schmidt : Oui, c'est bien ça. Pourriez-vous me donner le (10) *numéro direct* de M. Dupuis ?
Dumont : C'est le trente-deux, quatre-vingt-quatorze.
Schmidt : Le trois, deux, huit, quatre…
Dumont : Non, c'est le trois, deux, neuf, quatre.
Schmidt : Je vous remercie, au revoir.
Dumont : Merci, au revoir.

Lösungsvorschläge: „Sie sind dran!"

1 Eine Reservierung vornehmen

1 **1.** prie / serais reconnaissant/e / saurais gré **2.** communiquer / faire parvenir **3.** tarifs / prix **4.** douche et W.C. **5.** du **6.** au **7.** D'avance

2 **1.** plein sud **2.** équipée **3.** des lits

3 **1.** à partir **2.** j'aimerais / je souhaiterais **3.** les prix / les conditions **4.** a / aurait **5.** location **6.** vous remercie

4 **1.** souhaitons / souhaiterions **2.** de réunion **3.** équipées **4.** de nous procurer / envoyer **5.** vos tarifs / prix / conditions

5 **1.** retenir / réserver **2.** sur un **3.** aimerions / souhaiterions **4.** retenir **5.** vous prions **6.** confirmer **7.** par retour

2 Eine Reservierung bestätigen

1 **1.** avons le regret / regrettons **2.** disponibles **3.** période **4.** suggérons / conseillons **5.** adresser **6.** pourrait répondre

2 **1.** entretien téléphonique **2.** confirme **3.** trouverez

3 **1.** remercions **2.** la réservation **3.** Ci-joint **4.** trouverez

3 Einen Termin vereinbaren

1 **1.** Comme annoncé **2.** serai **3.** pourrions prendre / fixer **4.** pour le **5.** vous ne seriez pas disponible / cela ne vous conviendrait pas **6.** vous prie **7.** fixer / proposer

2 **1.** serai **2.** durant **3.** ravi/e / enchanté/e **4.** à **5.** nous rencontrions **6.** ne vous conviendrait pas **7.** saurais **8.** de bien vouloir **9.** plus vite possible

3 Richtige Reihenfolge:
4. – 7. – 5. – 3. – 6. – 2. – 8. – 1.

4 Cher Monsieur,
J'ai l'intention de me rendre à Madrid très prochainement. Je serais heureux de pouvoir vous rencontrer lundi le 8 mars à 20 heures dans le hall de l'hôtel Mercor.
Bien cordialement.

4 Einen Termin bestätigen

1 **1.** reçu **2.** courant / dernier **3.** confirmer

2 **1.** confirme **2.** grand regret **3.** ajourner / reporter / annuler **4.** en raison / à cause **5.** survenu

3 **1.** disponible **2.** Verriez-vous **3.** reportions **4.** prie de m'excuser

5 Informationen einholen

1 Messieurs,
Votre publicité parue dans... du... a retenu toute notre attention.
Comme nous avons l'intention d'étendre la gamme de nos produits, nous aimerions recevoir votre catalogue et votre tarif ainsi que des échantillons.
Nous vous remercions d'avance de votre envoi et vous prions d'agréer, Messieurs, nos salutations distinguées.

2 **1.** a retenu notre attention **2.** nous vous prions de nous adresser **3.** comprenant **4.** nous vous en remercions

3 **1.** Nous devons votre adresse **2.** nous avons besoin d'élargir / nous aimerions élargir **3.** souhaiterions recevoir **4.** Nous vous prions de nous adresser / Merci de nous envoyer **5.** vos prix pour le transport / le montant du fret en vigueur pour le transport

6 Eine Bestellung aufgeben

1 **1.** votre offre **2.** ci-joint **3.** une livraison rapide

2 **1.** avons reçu **2.** ont attiré **3.** nous livrer **4.** d'effectuer la livraison **5.** accuser réception **6.** retour du

3 **1.** en remercions **2.** ne correspondent pas / ne sont pas conformes **3.** ne passerons donc

4 Messieurs,
Le 5 novembre, nous avons commandé auprès de votre représentant 20 parapluies, modèle „Déluge".
La demande étant actuellement forte, nous aimerions modifier notre commande, à savoir 40 parapluies au lieu de 20.
Nous comptons sur une livraison très rapide de ces articles.
Veuillez croire, Messieurs, à l'expression de nos sentiments distingués.

7 Bestellungen beantworten

1 **1.** réception de **2.** vous informer **3.** pourra être effectuée

2 **1.** enregistré / bien reçu **2.** joignons le double **3.** être livrés

3 **1.** regrette **2.** disponibles **3.** un modèle équivalent / un produit analogue **4.** est de / présente la **5.** livrer

4 Monsieur,
Nous regrettons de devoir vous informer que, pour des raisons techniques, la livraison des articles commandés sera effectuée avec un retard de 3 semaines.
En vous remerciant de votre compréhension, nous vous prions d'agréer, Monsieur, nos salutations distinguées.

8 Angebote

1 **1.** le plaisir **2.** profiter / bénéficier **3.** supérieure **4.** franco

2 **1.** remercions **2.** attirer votre attention **3.** d'une offre spéciale **4.** limités **5.** faire parvenir / passer **6.** vite possible

3 **1.** avec plaisir **2.** plus récent **3.** accorder **4.** remise **5.** est valable

4 Richtige Reihenfolge:
6. – **9.** – **7.** – **8.** – **12.** – **2.** – **3.** – **10.** – **4.** – **1.** – **13.** – **5.** – **11.**

9 Zahlungsbedingungen

1 **1.** accusons **2.** d'un montant de **3.** convenu **4.** virons

2 **1.** en mesure / à même **2.** accorder **3.** pouvons / sommes en mesure de **4.** consentir **5.** montant

3 **1.** réponse **2.** prêts à **3.** un escompte **4.** un règlement

10 Lieferbedingungen

1 Madame,
Nous avons le plaisir de vous informer que la marchandise commandée le... sera livrable selon les conditions que vous désiriez.
La livraison s'effectuera donc avant le 15.11.20... par fret maritime et ferroviaire, départ usines Bocuir, rendu droits acquittés jusqu'à vos magasins.
En vous souhaitant bonne réception de cet envoi, nous vous prions de croire, Madame, à l'expression de nos sentiments dévoués.

2 **1.** nous avez passé **2.** en magasin **3.** être livrées

3 **1.** vous informer **2.** pour cause **3.** en mesure **4.** avant **5.** contrordre **6.** considérons **7.** est retenue

4 **1.** Suite / Conformément **2.** livrées **3.** express **4.** franco **5.** jusqu' **6.** assurés que **7.** tous nos soins

11 Zahlungserinnerungen

1 **1.** encore été soldé **2.** prions **3.** faire parvenir **4.** dès que **5.** auriez effectué **6.** bien vouloir ne pas tenir compte

2 **1.** fait parvenir **2.** reçu **3.** de paiement **4.** permettons **5.** conditions sont **6.** Il s'agit **7.** d'une erreur informatique

3 **1.** surpris **2.** reçu le règlement **3.** malgré **4.** craignons **5.** versement **6.** dans l'obligation de / contraints de **7.** au recouvrement **8.** voie judiciaire **9.** à moins de

12 Reklamationen

1 **1.** avons reçu **2.** après vérification **3.** comportait / présentait **4.** rectifications d'usage **5.** D'avance

2 **1.** avons commandées **2.** parvenues **3.** est dépassé **4.** en demeure **5.** dans les

3 **1.** la réception **2.** avons découvert **3.** correspondait **4.** conséquence **5.** reprendre **6.** plus brefs délais

4 **1.** votre attention **2.** en possession **3.** contraints **4.** prendre

13 Reklamationen beantworten

1 **1.** avons été navrés / sommes désolés **2.** par **3.** sont parvenues **4.** en sorte **5.** vous soient **6.** expédiées / livrées

2 **1.** est due **2.** comptabilité **3.** facturé **4.** a été faite **5.** ci-joint **6.** modifiée / rectifiée

3 **1.** sincères **2.** dû à **3.** est en **4.** faire parvenir **5.** plus tôt

14 Verhandlungen und Vereinbarungen

1 **1.** commerciale **2.** voudrions **3.** distribution / vente

2 **1.** société / entreprise **2.** spécialisée **3.** contrat **4.** commerciale **5.** Ci-inclus / Ci-joint **6.** espérons **7.** attention

3 **1.** distribution **2.** serions **3.** une joint-venture **4.** pourrions / voudrions **5.** prometteur **6.** serions **7.** en contact **8.** plus vite / rapidement

15 Einen Vertrag schließen

1 **1.** (Comme) suite à **2.** plaisir **3.** vendre / distribuer **4.** vous trouverez **5.** signer **6.** retourner

2 **1.** se limite **2.** renouvelé **3.** performances **4.** commission **5.** accordée **6.** articles commandés

16 Dankschreiben

1 Cher Monsieur,
Je vous remercie bien sincèrement de l'aimable réception / de l'amicale réception réservée à mes égards / que vous avez su me réserver ainsi que pour l'excellent repas.
En souhaitant que notre coopération soit durable et riche en apports, je vous prie de croire à mes sentiments cordiaux.

2 **1.** Veuillez **2.** remerciements **3.** accueil

3 **1.** tiens **2.** pour **3.** lors

17 Einladungen

1 **1.** êtes **2.** invité / e **3.** aura lieu **4.** le

2 **1.** l'occasion **2.** plaisir **3.** à **4.** qui aura lieu à / à **5.** Tenue

3 **1.** remercie **2.** aimable **3.** organisée **4.** serais **5.** plaisir **6.** m'appellent

4 **1.** remercient **2.** sont au regret / regrettent **3.** l'accepter **4.** préalable

18 Geschäftliche Mitteilungen

1 **1.** vous informer **2.** fusion **3.** avec **4.** conséquence **5.** pouvons **6.** gamme **7.** réductions **8.** appréciables

2 **1.** marquer **2.** offrons **3.** réduction exceptionnelle **4.** pour

3 **1.** annoncer **2.** succursale **3.** l'avantage **4.** plein cœur

4 Richtige Reihenfolge:
Nous avons le plaisir de vous adresser notre nouveau catalogue où vous noterez particulièrement notre toute nouvelle gamme de mobilier de bureau à des prix très avantageux et encore mieux adaptée à vos besoins.

19 Stellenangebote und Bewerbungen

1 **1.** parue **2.** du **3.** poser **4.** poste **5.** sein

2 **1.** citée **2.** m'intéresse **3.** mettez à disposition / offrez **4.** recherche / sollicite **5.** travailler **6.** marché / domaine **7.** connaissances

3 Sylvie Martin
35, rue de Montmorency
75003 Paris

Actes d'Achats
Anne Dumarié
B.P. 23
29107 Quimper

Objet : Poste de responsable de clientèle

Chère Madame,
A la suite de votre annonce parue le... dans..., je me permets de solliciter le poste de responsable de clientèle au sein de votre entreprise.

Comme vous pourrez le constater, à la lecture de mon curriculum vitae, mes études en commerce et économie ainsi que mon expérience, en tant que stagiaire, dans le service après-vente du groupe ABZ, m'ont permis d'acquérir des connaissances dans le domaine de l'agro-alimentaire d'une part et d'autre part de développer mes qualités au niveau des contacts commerciaux.

Je pense ainsi avoir la formation nécessaire et les qualités requises pour le poste envisagé.

J'espère qu'il vous sera possible de prendre ma demande en considération et me tiens à votre entière disposition pour un entretien avec vous.

Veuillez croire, Madame, à l'expression de mes sentiments respectueux.

20 Persönliche Korrespondenz

1 **1.** d'apprendre **2.** eu **3.** soulagé/e **4.** trop grave **5.** tous mes meilleurs vœux **6.** rétablissement

2 **1.** tiens **2.** mes meilleurs vœux **3.** souhaite **4.** prochaine

21 Elektronische Korrespondenz

1 **1.** connecté/e/s/es **2.** site Web **3.** électronique

2 **1.** logiciel **2.** une vitrine en ligne

3 **1.** par e-mail / par courriel

4 **1.** reçu **2.** serveur

22 Telekonferenzen

1 Richtige Reihenfolge:
4. – 3. – 2. – 1. – 5. – 6.

23 Telefonieren

1 1c – 2a – 3e – 4b – 5d

2 1b – 2a – 3d – 4e – 5c – 6f

3 Date : 5 mai Heure : 10 h 30
À l'attention de : M. Falardeau
En votre absence
M. *Francis* Lachance
Société : *WBM*
Tél. : 45 88 47 22

Message :
Monsieur *Lachance* doit reporter votre rendez-vous. Il doit *partir* d'urgence *pour l'Algérie*. Le nouveau rendez-vous sera mercredi le 15 à *16* heures.
Hélène Martin

Nützliche Wendungen

Briefanfang

Informieren, ankündigen

Nous avons le plaisir de vous annoncer que...	Wir freuen uns, Ihnen mitteilen zu können, dass ...
Nous avons le plaisir de vous informer que...	Wir freuen uns, Sie davon in Kenntnis zu setzen, dass ...
Vous apprendrez avec intérêt que...	Es wird Sie interessieren, dass ...
Votre lettre du... a reçu toute notre attention.	Ihren Brief vom ... haben wir mit Interesse gelesen.
Je tiens à vous faire savoir que...	Es liegt mir daran, Ihnen mitzuteilen, dass...

Den Empfang bestätigen, sich auf einen vorausgegangenen Kontakt beziehen

Nous avons bien reçu votre lettre du... et vous en remercions.	Ihren Brief vom ... haben wir dankend erhalten.
Nous vous accusons réception de...	Wir bestätigen den Erhalt von ...
(Comme) Suite à notre entretien téléphonique...	Bezug nehmend auf unser Telefongespräch ...
Comme mentionné dans ma lettre du...	Wie in meinem Brief vom ... erwähnt ...
Suite à votre lettre du...	Bezug nehmend auf Ihren Brief vom ...
En réponse à votre courrier du...	In Beantwortung Ihres Schreibens vom ...

Auf Anlagen hinweisen

Veuillez trouver ci-joint...	In der Anlage erhalten Sie ...
Vous trouverez ci-joint...	Anbei finden Sie ...
Nous avons le plaisir de vous adresser ci-joint/ci-inclus...	Wir freuen uns, ... beizufügen.
Je vous adresse par le même courrier...	Ich schicke Ihnen anbei ...
Nous vous adressons sous pli séparé/sous ce pli...	Wir schicken ... mit getrennter Post/als Anlage.

Einem Termin zustimmen

La date que vous proposez me convient parfaitement.	Das von Ihnen vorgeschlagene Datum passt mir sehr gut.
Comme vous le proposez, je me rendrai le 5 mai à 14 heures à votre bureau.	Wie Sie es vorschlagen, werde ich am 5. Mai um 14 Uhr in Ihrem Büro sein.
Je suis d'accord avec la date du rendez-vous que vous proposez.	Ich bin mit dem von Ihnen vorgeschlagenen Termin einverstanden.

Ablehnen, ein Angebot zurückweisen

Nous avons le regret de vous informer que...	Es tut uns leid, Sie davon in Kenntnis zu setzen, dass ...
Nous regrettons de devoir vous informer que...	Es tut uns leid, Ihnen mitteilen zu müssen, dass ...
Malheureusement, je crains que...	Leider fürchte ich, dass ...
A mon grand regret...	Sehr zu meinem Bedauern ...
Nous ne sommes pas en mesure d'accepter...	Wir sind nicht in der Lage, ... anzunehmen.
Il m'est impossible de...	Es ist mir nicht möglich, ...

Anfragen

Eine Bitte formulieren

Pourriez-vous... ?	Könnten Sie ...?
Je vous serais reconnaissant/e de (bien vouloir)...	Ich wäre Ihnen dankbar, wenn Sie ... (könnten).
Nous vous saurions gré de...	Wir wären (sehr) dankbar für ...
Auriez-vous l'amabilité de... ?	Wären Sie so freundlich, ...?
Vous serait-il possible de... ?	Wäre es Ihnen möglich, ... zu ...?
Nous aimerions / voudrions...	Wir möchten ...

Informationen einholen

Veuillez nous faire savoir si...	Bitte teilen Sie uns mit, ob ...
Nous aimerions savoir si... ou...	Wir wüssten gern, ob ... oder ...
Pourriez-vous me dire si... ?	Könnten Sie mir sagen, ob ...?
Veuillez nous faire parvenir...	Bitte senden Sie uns ...
Auriez-vous l'obligeance de m'envoyer... ?	Könnten Sie mir freundlicherweise ... zuschicken?
Veuillez me donner des précisions sur...	Bitte geben sie mir genauere Angaben zu ...

Um eine Antwort oder Bestätigung bitten

Veuillez répondre dans les plus brefs délais / par retour du courrier.	Bitte antworten Sie umgehend / postwendend.
Nous vous prions de nous répondre rapidement.	Wir bitten um eine rasche Antwort.
Veuillez nous le faire savoir le plus vite possible.	Bitte lassen Sie es uns schnellstmöglich wissen.
Veuillez envoyer votre réponse à...	Ihre Antwort senden Sie bitte an ...
Veuillez entrer en contact avec...	Setzen Sie sich bitte mit ... in Verbindung.
Veuillez confirmer...	Bitte bestätigen Sie ...

Vorschläge, Angebote, Einladungen

Vorschlagen

Permettez-moi de vous suggérer...	Darf ich vorschlagen, ...
Je (vous) suggérerais...	Ich würde vorschlagen, ...
Nous pouvons vous proposer...	Wir können Ihnen ... vorschlagen.
Vous pourriez peut-être...	Sie könnten vielleicht ...
Je propose que...	Ich schlage vor, dass ...
A notre avis / D'après nous, il serait bon / judicieux...	Unserer Meinung nach wäre es sinnvoll, ...

Ein Angebot machen

Nous (vous) offrons...	Wir bieten (Ihnen) ... (an).
Nous pourrions vous offrir...	Wir könnten Ihnen ... anbieten.
Ces marchandises font l'objet d'une offre spéciale.	Diese Waren sind im Sonderangebot.
Nous serions enchantés / heureux de...	Wir würden sehr gern ...
Nous aimerions vous faire bénéficier de...	Wir würden Sie gern in den Genuss von ... kommen lassen.
Nous vous garantissons...	Wir garantieren Ihnen ...

Einladen

J'aimerais vous inviter (à)...	Ich möchte Sie (zu) ... einladen.
Nous serions ravis de vous avoir parmi nous pour...	Wir würden uns sehr freuen, wenn Sie zu / für ... zu uns kämen.
Je serais enchanté/e si vous pouviez nous rendre visite.	Ich wäre sehr erfreut, wenn Sie uns besuchen könnten.

Reklamationen

Reklamieren, beanstanden

Nous aimerions vous rappeler que…	Wir möchten Sie daran erinnern, dass …
Nous regrettons de devoir vous informer que… ne nous est pas encore parvenu/e.	Leider müssen wir Ihnen mitteilen, dass … noch nicht eingetroffen ist.
Nous sommes au regret de devoir vous signaler que nous n'avons pas encore reçu…	Wir bedauern, Ihnen mitteilen zu müssen, dass wir … noch nicht erhalten haben.
Veuillez rechercher les raisons de la non-livraison de…	Bitte bringen Sie in Erfahrung, warum die Lieferung von … noch nicht erfolgt ist.
Veuillez nous fournir des explications au sujet de…	Wir bitten um eine Erklärung betreffend …
Je suis au regret de devoir faire une réclamation à propos de…	Leider muss ich mich über … beschweren.
Nous nous voyons dans l'obligation de…	Wir sehen uns gezwungen, …

Auf ein Problem aufmerksam machen

Nous voudrions attirer votre attention sur le fait que…	Wir möchten Sie darauf hinweisen, dass …
Il doit y avoir une erreur.	Es/Da muss ein Fehler vorliegen.

Gewissheit, Vermutung, Zweifel

Gewissheit zum Ausdruck bringen

Il est clair que...	Es ist klar, dass ...
Il est évident que...	Es ist selbstverständlich, dass ...
Il ne fait aucun doute que...	Es besteht kein Zweifel, dass ...
Nous sommes persuadés que...	Wir sind überzeugt, dass ...
Nous ne manquerons pas de...	Wir werden (es) nicht versäumen zu ...

Vermutungen anstellen

Il se pourrait que...	Es ist sehr wahrscheinlich, dass ...
Il semblerait que...	Es hat den Anschein, dass ...
Tout semble indiquer que...	Alles scheint darauf hinzuweisen, dass ...
Il pourrait s'agir de...	Es könnte sich um ... handeln.
Au cas où cela ne conviendrait pas...	Sollte dies unpassend / ungelegen sein, ...
Au cas où vous ne seriez pas disponible ...	Sollten Sie nicht verfügbar sein, ...
Si cela n'était pas conforme à...	Sollte dies nicht mit ... übereinstimmen, ...
Dans le cas où vous constateriez...	Falls Sie ... feststellen sollten, ...

Zweifel und Befürchtungen zum Ausdruck bringen

Malheureusement...	Leider ...
Je crains que...	Ich fürchte, dass ...
Nous doutons / Nous ne sommes pas certains que...	Wir bezweifeln, dass ...
Il risque d'y avoir du retard.	Es könnte eine Verzögerung eintreten.
Un retard n'est pas à exclure.	Eine Verzögerung ist nicht auszuschließen.

Sich entschuldigen

Nous avons été désolés d'apprendre que …	Es tat uns leid zu hören, dass …
Nous sommes désolés / navrés de / que…	Es tut uns sehr leid, dass …
Nous vous prions d'excuser…	Wir entschuldigen uns für …
Veuillez accepter nos sincères excuses pour…	Wir bitten Sie herzlich, uns für … zu entschuldigen.
Nous devons vous présenter nos excuses pour…	Wir müssen uns für … entschuldigen.
Veuillez nous excuser…	Bitte entschuldigen Sie …

Sich bedanken

formell

J'aimerais vous exprimer ma sincère gratitude/ mes sincères remerciements pour…	Ich möchte mich aufrichtig für … bedanken.
Nous vous sommes très obligés de…	Wir sind Ihnen für … zu größter Dankbarkeit verpflichtet.
Ce fut très aimable à vous / de votre part …	Es war sehr freundlich von Ihnen …
Nous voudrions vous remercier de…	Wir möchten Ihnen für … danken.
Nous vous sommes très reconnaissants pour…	Wir bedanken uns sehr für …
Je vous prie d'accepter / Veuillez agréer / accepter nos remerciements les plus sincères pour…	Wir bedanken uns ganz herzlich für …
Veuillez recevoir l'expression de notre gratitude / nos sincères remerciements pour…	Wir möchten unserer Dankbarkeit / unserem aufrichtigen Dank für … Ausdruck verleihen.

informell

Nous vous remercions pour…	Wir danken Ihnen für …
Merci pour…	Danke für …
Merci beaucoup pour…	Vielen Dank für …

Glückwünsche

Toutes nos félicitations.	Herzliche Glückwünsche.
Veuillez recevoir nos sincères félicitations.	Wir senden unsere herzlichen Glückwünsche.
Nous vous adressons nos meilleurs vœux.	Wir schicken Ihnen unsere (aller)besten Wünsche.
Je vous souhaite un joyeux anniversaire.	Ich möchte Ihnen alles Gute zum Geburtstag wünschen.
Nous vous souhaitons bonne chance.	Wir wünschen Ihnen viel Erfolg.

Briefschluss

Recevez encore nos remerciements pour votre aide.	Wir möchten uns nochmals für Ihre Hilfe bedanken.
Avec mes / nos remerciements anticipés.	Mit bestem Dank im Voraus.
Nous restons à votre entière disposition pour tous renseignements complémentaires.	Für weitere Auskünfte stehen wir Ihnen jederzeit gern zur Verfügung.
Dans l'attente de votre réponse, …	In Erwartung Ihrer Antwort …
Dans l'espoir d'une réponse favorable…	In der Hoffnung auf eine positive Antwort …
Nous vous remercions d'avance de votre compréhension / de la promptitude / de cette rectification.	Wir danken Ihnen im Voraus für Ihr Verständnis / die rasche Erledigung / diese Berichtigung.

Geläufige Abkürzungen

a.c.	année courante	dieses Jahres
AFNOR	Association Française de Normalisation	französischer Verband für Normen
A.N.P.E.	Agence nationale pour l'emploi	Arbeitsamt
AR	accusé de réception	Empfangsbestätigung
arr.	arrondissement	Stadtbezirk
art.	article	Artikel
attn	à l'attention de	zu Händen von
bd.	boulevard	Boulevard, große Straße
B.I.T.	Bureau International du Travail	IAA, Internationales Arbeitsamt
B.N.P.	Banque Nationale de Paris	Nationalbank von Paris
B.O.	Bulletin officiel	Amtliches Gesetzblatt
B.P.	boîte postale	Postfach
c.-à-d.	c'est-à-dire	d. h., das heißt
CAF / CIF	coût, assurance, fret / cost, insurance, freight	Kosten, Versicherung, Fracht *(offizieller Begriff der INCOTERMS)*
C.C.I.	Chambre de Commerce Internationale	Internationale Handelskammer
	Chambre de Commerce et d'Industrie	IHK, Industrie- und Handelskammer
C.C.P.	compte chèque postal	Postscheckkonto
Cedex	courrier d'entreprise à distribution exceptionnelle	Verteilungssystem der Post für Posteingänge von Firmen
C.E.I.	Communauté des Etats Indépendants	GUS, Gemeinschaft Unabhängiger Staaten
cf.	confer, voir	s., siehe / vgl., vergleiche
CFR	coût et fret	Kosten und Fracht
Cie	compagnie	Co., Handelsgesellschaft
CIF / CAF	coût, assurance, fret	Kosten, Versicherung, Fracht
CIP	Fret ou port payé assurance comprise jusqu'à...	frachtfrei versichert bis...
C.O.B.	commission des opérations de Bourse	Börsenkommission
COFACE	Compagnie Française d'Assurance pour le Commerce Extérieur	Französische Versicherungsgesellschaft für den Außenhandel
C / P	Charte-partie	Schiffscharter-Vertrag
cpt	comptant	bar
ct	courant	dieses Monats
C.V.	curriculum vitae	Lebenslauf

D/A	documents contre acceptation	Dokumente gegen Akzept
DAF	Rendu frontière	geliefert Grenze
DDP	Rendu droits acquittés	geliefert verzollt
DEQ	Rendu ex quai	geliefert ab Kai
DES	Rendu ex ship	geliefert ab Schiff
D.O.M.	département d'outre-mer	überseeisches Departement
D/P	documents contre paiement	Dokumente gegen Zahlung
éc.	écoulé	vorigen Monats
Ets	établissements	Unternehmen, Firma
E.U.R.L.	Entreprise universelle à responsabilité limitée	Ein-Mann-GmbH
Exp.	expéditeur	Absender
EXW	À l'usine (Ex work)	ab Werk
FAB/FOB	franco à bord	frei an Bord
FAS	franco le long du navire	frei Längsseite Schiff
F.M.I	Fonds Monétaire International	Internationaler Währungsfonds
FOB/FAB	franco à bord	frei an Bord
FOR/FOT	franco sur wagon	frei Waggon
FRC/FCA	franco transporteur	frei Frachtführer
G.I.E.	Groupement d'intérêt économique	wirtschaftliche Interessengemeinschaft
H.T.	hors taxes	Steuer nicht inbegriffen
I.N.S.E.E.	Institut National de la Statistique et des Etudes Economiques	staatl. Institut für Statistik und Wirtschaftsstudien
J.O.	Journal Officiel	Amtsblatt
LR	lettre recommandée	Einschreibebrief
L.T.A.	Lettre de transport aérien	Luftfrachtbrief
N°, no	numéro	Nummer
N/Réf., n/réf.	notre/nos référence(s)	unser/e Zeichen
O.C.D.E.	Organisation pour la coopération et le développement économiques	OECD, Organisation für wirtschaftliche Zusammenarbeit und Entwicklung
p.a.	par autorisation	im Auftrag
P.C.C.	pour copie conforme	für die Richtigkeit der Abschrift
P.D.G.	Président-directeur général	Generaldirektor
p.ex.	par exemple	z. B., zum Beispiel
P. et T.	Postes et Télécommunications	Post- und Fernmeldeamt
P.J.	pièce(s) jointe(s)	Anlage(n)

P.M.E.	petite(s) et moyenne(s) entreprise(s)	Klein- und Mittelbetrieb(e)
P.M.I.	petites et moyennes industries	kleine und mittelständische Industrie
PNB	produit national brut	Bruttosozialprodukt
p.o.	pour / par ordre	im Auftrag
PoP	numéro de téléphone local de connexion au réseau Internet	Point of Presence / Einwahlknoten
p.p.	par procuration	per Prokura
PR	poste restante	postlagernd
P.S.	post-scriptum	Postskriptum
P.U.	prix unitaire	Stückpreis
P.V.	petite vitesse	Frachtgut
R	recommandé	Einschreiben
R.A.	régime accéléré	als Eilgut
R.A.S.	rien à signaler	k.b.V., keine besonderen Vorkommnisse
R.C.(S.)	registre du commerce (et des sociétés)	Handelsregister
R.E.	régime express	als Expressgut
réf., Réf.	référence	Zeichen, Nummer
R.I.B.	relevé d'identité bancaire	Bankkundencode
RNIS	Réseau Numérique à Intégration de Services	ISDN (Integrated Services Digital Network)
R.O.	régime ordinaire	Frachtgut
R.S.	raison sociale	Firmenname
r.s.v.p.	réponse s'il vous plaît	u.A.w.g., um Antwort wird gebeten
S.A.	société anonyme	AG, Aktiengesellschaft
S.A.R.L.	société à responsabilité limitée	GmbH, Gesellschaft mit beschränkter Haftung
S.C.	société en commandite	KG, Kommanditgesellschaft
SERNAM	Service National des Messageries de la SNCF	Güterbeförderungsgesellschaft der frz. Staatseisenbahnen
S.I.R.E.N. / S.I.R.E.T.	Système Informatique du Répertoire des Entreprises et établissements	zentraler EDV-Katalog aller französischen Firmen
S.N.C.	société en nom collectif	OHG, Offene Handelsgesellschaft
S.N.C.F.	Société Nationale des Chemins de fer Français	französische Staatseisenbahn
Sté	société	Gesellschaft, Firma
s.v.p.	s'il vous plaît	bitte
T.G.V.	train à grande vitesse	Hochgeschwindigkeitszug

T.I.R.	Transit International Routier	Internationaler Straßengüterverkehr
T.O.M.	territoire d'outre-mer	überseeisches Gebiet
T.T.C.	toutes taxes comprises	einschließlich aller Abgaben
T.V.A.	taxe à / sur la valeur ajoutée	MwSt., Mehrwertsteuer
V / Réf., v / réf	votre / vos référence(s)	Ihr/e Zeichen
V.P.C.	vente par correspondance / catalogue	Versandhandelsverkauf
V.R.P.	Voyageur Représentant Placier	Handelsreisender, Vertreter
Web	Réseau mondial des sites Internet	WWW (World Wide Web)

Französisch-deutsches Glossar

Folgende Übersetzungen beziehen sich auf die Schreiben, Dialoge und Textbausteine in diesem Buch. Die Vokabeln haben zum Teil auch andere Bedeutungen, die Sie in den gängigen Wörterbüchern oder unter www.pons.eu finden werden.

A

abîmé/e – beschädigt
acceptation *f* – Annahme
accepter – annehmen
accès *m* – Zugang
accessoire *m* – Zubehör
accident *m* – Unfall
accord *m* – Vereinbarung, Vertrag; Übereinstimmung
en **accord avec** – in Übereinstimmung mit
accorder (un crédit) – (einen Kredit) gewähren, einräumen
accorder confiance (à) – Vertrauen schenken
accroissement *m* – Anstieg, Zunahme
accueil *m* – Empfang
accueillir – empfangen
accusé *m* **de réception** – Empfangsbestätigung
accuser réception – den Empfang bestätigen
achat *m* **en ligne** – Online-Shopping
acheteur *m* – Käufer
acompte *m* – Anzahlung
acquérir – erwerben
acquitter – *(Rechnung)* begleichen; entrichten
admettre – annehmen, zugestehen
administration *f* – Verwaltung
adresser à – senden, schicken an
affaires *fpl* – Geschäfte
afflux *m* – Häufung, Zunahme
agence *f* – Agentur, Zweigstelle
agent *m* **commercial** – Handelsvertreter
agrément *m* – Zustimmung
aisé/e – leicht
ajourner – verschieben
ajouter – hinzufügen
altéré/e – verdorben
améliorer – verbessern
ample – *(Information)* ausführlich
année *f* **commerciale** – Geschäftsjahr
annexe *f* – Anlage
anniversaire *m* – Geburtstag; Jubiläum
annonce *f* – Anzeige, Ankündigung
annoncer – ankündigen
annoter – vermerken
annuel/le – Jahres-; jährlich
annulation *f* – Annullierung
annuler – annullieren, stornieren; absagen; *(Vertrag)* kündigen
anomalie *f* – Unregelmäßigkeit
anticipé/e – Voraus-; im Voraus
appareil *m* – (Telefon-) Apparat
être à l'**appareil** – am Apparat/am Telefon sein
appel *m* – Anruf
apporter – bringen
apprendre (une nouvelle) – erfahren
approfondir – vertiefen
arobas *m*, **arobase** *f* – „Klammeraffe", @
arrhes *fpl* – Anzahlung
arrivée *f* – Ankunft, Eingang
arriver – ankommen
article *m* – Artikel
assister à – teilnehmen an
s'**associer** – sich zusammenschließen
assumer des responsabilités *fpl* – Verantwortung übernehmen
assurance *f* – Versicherung
assurance comprise – frachtfrei versichert
assuré/e *m/f* – Versicherte/r; versichert
assurer – versichern, zusichern; sorgen für
assureur *m* – Versicherer
attendre – warten, erwarten
attente *f* – Erwartung
attention *f* – Aufmerksamkeit
à l'**attention de** – zu Händen von
attirer l'attention sur – aufmerksam machen auf
augmenter – erhöhen, zunehmen

par **autorisation** *f* – im Auftrag
à l'**avance** – im Voraus
d'**avance** – im Voraus
avantageux/-euse – vorteilhaft, günstig
avarie *f* – Schaden
par **avion** – (per) Luftfracht
avis *m* **de paiement** – Zahlungsanzeige
avis *m* **de réception** – Rückschein
aviser de – benachrichtigen, verständigen
avoir *m* – Gutschrift(sanzeige), Guthaben

B

bancaire – Bank-
bateau *m* – Schiff
batterie *f* – Akku
bavardage *m* – Chat *(virtuelle Unterhaltung)*
bénéficiaire *m / f* – Begünstigte/r
bénéficier de – Vorteil ziehen aus, profitieren von
besoin *m* – Bedarf; Bedürfnis
avoir **besoin de** – benötigen
boîte *f* – Schachtel
boîte *f* **aux lettres électronique** – elektronischer Briefkasten
boîte *f* **vocale** – Mailbox
bon *m* **de commande** – Bestellschein
bon *m* **de livraison** – Lieferschein

C

caisse *f* – Kiste, Kasse
calcul *m* – Kalkulation, Berechnung
camion *m* – Lastwagen
campagne *f* **publicitaire** – Werbekampagne
candidature *f* – Bewerbung
en **caractères d'imprimerie** – in Blockschrift
carrière *f* – berufliche Laufbahn
carte *f* **de crédit** – Kreditkarte
à **cause de** – wegen
causerie *f* – Chat *(virtuelle Unterhaltung)*
célibataire – ledig
centenaire *m* – hundertjähriges Jubiläum
certifié/e (conforme) – beglaubigt
chambre *f* **de commerce** – Handelskammer
chambre *f* **individuelle** – Einzelzimmer
chambre, petit déjeuner et dîner – Zimmer mit Halbpension
à la **charge de** – zu Lasten von
chargement *m* – Be-, Verladen; Fuhre, Ladung
charger de – beauftragen mit
chèque *m* – Scheck
chiffre *m* **d'affaires** – Umsatz
choix *m* – Wahl, Auswahl
ci-joint – anbei, als Anlage
classe *f* **affaires** – Business-Class
client/e *m / f* – Kunde / -in
client/e *m / f* **fidèle** – Stammkunde / -in
clientèle *f* – Kundschaft
cliquer une commande – per Mausklick bestellen
code *m* **postal** – Postleitzahl
collaboration *f* – Zusammenarbeit
commande *f* – Bestellung, Auftrag
commande *f* **d'essai** – Probeauftrag
commande *f* **initiale** – Erstbestellung
commander – bestellen
commerce *m* **électronique** – Internet-Verkauf
commercial/e – Geschäfts-, Handels-; kaufmännisch
commercialisation *f* – Vermarktung, Vertrieb
commettant *m* – Auftraggeber
commission *f* – Provision
compagnie *f* **d'assurance** – Versicherungsgesellschaft
compétence *f* – Zuständigkeit; Kompetenz
compétent/e – zuständig; sachkundig
compétitif/-ve – konkurrenz-, wettbewerbsfähig
complémentaire – ergänzend
complet – *(Hotel)* belegt
comporter – aufweisen, enthalten
compréhensible – verständlich
compréhensif/-ve – einsichtig
compréhension *f* – Verständnis
compris/e – inbegriffen
comptabilité *f* – Buchhaltung
compte *m* – Konto
compte *m* **client** – Kundenkonto
pour le **compte de** – auf Rechnung von

compte rendu *m* – Protokoll
compter – rechnen; zählen
compter parmi – zählen zu
compter sur – rechnen mit
à **compter de** – ab *(zeitl.)*
concernant – betreffend
concession *f* – Alleinvertretung
concessionnaire *m* – Alleinvertreter
concorder – übereinstimmen, passen
concurrence *f* – Konkurrenz
concurrentiel / le – konkurrenz-, wettbewerbsfähig
condition *f* – Bedingung
conditions *fpl* **de paiement** – Zahlungsbedingungen
conditions *fpl* **de vente** – Verkaufsbedingungen
condoléances *fpl* – Beileidswünsche
conférence *f* – Konferenz; Vortrag
conférence-multimédia *f* – Multimediakonferenz
conférence-téléphone *f* – Tele(fon)-Konferenz
confiance *f* – Vertrauen
confier – übergeben, anvertrauen
confidentiel / le – vertraulich
confirmation *f* – Bestätigung
confirmer – bestätigen
être **conforme à** – übereinstimmen mit, entsprechen
conformément à – gemäß, entsprechend
congrès *m* – Kongress, Tagung
connecter – anschließen
se **connecter à** – sich den Zugang zu ... ermöglichen, sich anschließen lassen
connexion *f* **à l'Internet** – Internetanschluss
conquérir – erobern
conseiller – raten
consentir à (une demande) – (einer Bitte) entsprechen
consentir (un rabais) – (einen Rabatt) gewähren
constater – feststellen
prendre **contact** – sich in Verbindung setzen
contacter – Kontakt aufnehmen, sich in Verbindung setzen
contenir – beinhalten
contenu *m* – Inhalt
contraint/e – gezwungen
contrariété *f* – Ärger, Verärgerung
contrat *m* – Vertrag
contrat *m* **de concession** – Alleinvertretervertrag
contrat *m* **d'entreprise conjointe** – Joint Venture-Vertrag
contrat *m* **de représentation (commerciale)** – Vertretervertrag
contrat *m* **de vente** – Kaufvertrag
contretemps *m* – Störung, Unannehmlichkeit
contrordre *m* – Abbestellung, Absage
sauf **contrordre** *m* – vorbehaltlich Widerruf
convenir (de) – vereinbaren
comme convenu – wie vereinbart
dans les temps **convenus** – in der vorgesehenen Zeit
convier à – einladen zu
coordonnées *fpl* – Angaben; Adresse und Telefonnummer
correspondre (à) – entsprechen
être **coupé/e** – *(am Telefon)* unterbrochen werden
courant – dieses Monats
dans le **courant de** – im Laufe von
courriel *m* – E-Mail
courrier *m* – Brief, Schreiben; Post
courrier *m* **électronique** – E-Mail
coût *m* – Preis; Kosten
craindre – befürchten
crédit *m* – Kredit; Zahlungsziel
crédit-bail *m* – Leasing
crédit documentaire *m* – (Dokumenten-) Akkreditiv
créditer – gutschreiben
curriculum vitae *m* – Lebenslauf

D

date *f* – Datum
date *f* **de facturation** – Rechnungsdatum
décliner – ablehnen
déduction *f* – Abzug
déduire – abziehen
à **défaut de** – in Ermangelung, mangels

délai *m* – Frist
dans les plus brefs **délais** – umgehend
demande *f* – An-, Nachfrage
demande *f* **d'emploi** – Bewerbung
demande *f* **d'offre(s)** – Anfrage
demande *f* **de renseignement(s)** – Anfrage, Auskunftsgesuch
demander – anfragen
sur **demande** – auf Anfrage
faire des **démarches** *fpl* – Schritte unternehmen
mettre en **demeure de** – auffordern zu
demi-pension *f* – Halbpension
démonstration *f* – Vorführung
départ usine – ab Werk
département *m* – Abteilung
dépasser – überschreiten
dépenses *fpl* – Ausgaben, Kosten
(être en) **déplacement** *m* – auf Geschäftsreise sein
déplacer – verschieben, verlegen
dépliant *m* – Faltprospekt
désagréments *mpl* – Unannehmlichkeiten
destination *f* – Bestimmungsort
détaillant/e *m/f* – Einzelhändler/in
détaillé/e – detailliert, ausführlich, genau
détails *mpl* – Einzelheiten
dettes *fpl* – Schulden
devis *m* – (Kosten-)Voranschlag
diffuser – verbreiten; vertreiben
directeur/-trice *m/f* **d'entreprise** – Betriebs-, Firmenleiter/in
directive *f* – Anweisung
disponible – verfügbar, vorrätig
disposer de – zur Verfügung haben
à **disposition** – zur Verfügung
prendre des **dispositions** – Vorkehrungen treffen
distribution *f* – Vertrieb
diversifier – vielseitiger gestalten, auffächern
documentation *f* – Informationsmaterial; Unterlagen
domaine *m* – Gebiet, Bereich
domaine *m* **d'intervention** – Verkaufsgebiet, Tätigkeitsbereich
dommage *m* – Schaden
dossier *m* – Akte, Unterlagen
douane *f* – Zoll(behörde)
douanier/-ière – Zoll-
double *m* – Doppel, Kopie
droit *m* – Recht
droits *mpl* – Gebühren
dû/due (à) – geschuldet; zurückzuführen (auf)
dûment – ordnungsgemäß
durable – dauerhaft

E

en **échange** – als Gegenleistung
échantillon *m* – Muster, (Waren-)Probe
échéance *f* – Zahlungsziel; Fälligkeit
échu/e – fällig
économique – wirtschaftlich; preiswert
écoulé/e – *(Frist)* abgelaufen; *(Monat)* vergangen
effectuer – aus-, durchführen
s'**effectuer** – erfolgen
efficacité *f* – Leistung
s'**égarer** – verloren gehen
élargir – ausdehnen
élevé/e – hoch
e-mail *m* – E-Mail
emballage *m* – Verpackung
emballer – verpacken
embarras *m* – Verlegenheit
emploi *m* – Beschäftigung, Stelle
emploi *m* **du temps** – Terminplan, -kalender
employé/e *m/f* – Mitarbeiter/in; Angestellte/r
employer – anwenden; ein-, anstellen
s'**empresser de** – sich beeilen
endommagé/e – beschädigt
engagement *m* – Verpflichtung; Zusage
sans **engagement** – unverbindlich
s'**engager à** – sich verpflichten zu
enquête *f* – Umfrage
enregistrer – vormerken; buchen
entrepôt *m* – Lager
entreprise *f* – Firma, Unternehmen
co-**entreprise** *f* – Joint Venture
entreprise *f* **familiale** – Familienbetrieb

entretenir – unterhalten; pflegen
entretien *m* – Gespräch
envisager – beabsichtigen
envoi *m* – Sendung, Zusendung
envoi *m* **recommandé** – Einschreiben
envoyer – senden, schicken
épeler – buchstabieren
épuisé/e – ausverkauft
équipe *f* – Team
équipé/e de – ausgestattet mit
équipement *m* – Ausstattung
équivalent/e – ähnlich
erreur *f* – Fehler
erroné/e – fehlerhaft
escompte *m* – Skonto
espèces *fpl* – Bargeld
essai *m* – Probe, Versuch
essor *m* – Aufschwung
estimation *f* – Schätzung
établir – er-, ausstellen
établir un partenariat – eine Partnerschaft aufbauen
étude *f* **de marché** – Marktstudie, -analyse
évaluer – schätzen
événement *m* – Ereignis
éventail *m* **de produits** – Produktpalette
examen *m* – Prüfung
exceptionnel/le – außergewöhnlich
exécuter – ausführen
exécution *f* – Ausführung
exempt de taxes – steuerfrei, zollfrei
exercer – ausüben
exercice *m* – Geschäftsjahr
exigeant/e – anspruchsvoll
exigence *f* – Anspruch
expansion *f* – Ausweitung
expédier – versenden
expéditeur *m* – Absender
expédition *f* – Versand
expertise *f* – Gutachten
expiration *f* – *(Frist)* Ablauf
exposer – ausstellen
par **exprès** – Eilzustellung
par colis **express** – als Expressgut

F

fabricant *m* – Hersteller
fabrication *f* – Herstellung
fabriquer – herstellen
facile à utiliser – benutzerfreundlich
facilité *f* – Erleichterung
faciliter – erleichtern
facturation *f* – Berechnung, Rechnungsstellung
facture *f* – Rechnung
facture *f* **pro-forma** – Pro-forma-Rechnung
facturer – berechnen
se **faire** – erfolgen
faute *f* **de frappe** – Tippfehler
être **favorisé/e de** – begünstigt sein
félicitations *fpl* – Glückwünsche
féliciter – gratulieren
ferme – verbindlich
fidèlement – treu
filiale *f* – Zweigstelle, Tochtergesellschaft
fixer – festsetzen, -legen
fluvial/e – Fluss-, Binnenwasser-
foire *f* – Messe
formation *f* – Ausbildung
forum *m* **de discussion** – Newsgroup, Diskussionsforum
fournir – liefern, beliefern
se **fournir** – beziehen, sich eindecken
fournisseur *m* – Lieferant
fourniture *f* – Lieferung
frais *mpl* – Kosten
franchise *f* – Franchising
franco – frei
franco domicile – frei Haus
franco d'emballage – frei Verpackung
franco de port – frachtfrei
fret *m* – Fracht
fret payé – frachtfrei
fructueux/-euse – erfolgreich
fusion *f* – Fusion

G

gamme *f* – Auswahl; Serie
gamme *f* **de produits** – Produktpalette, Sortiment
garantie *f* – Garantie, Gewährleistung
garantir – garantieren, gewährleisten
gérant/e *m/f* – Geschäftsführer/in
gestion *f* – Geschäftsführung, Management
gestion *f* **d'entreprise** – Betriebswirtschaft
gracieusement – kostenlos
à titre **gracieux** – unentgeltlich
gratuit/e – kostenlos
grève *f* – Streik
groupe *m* – Gruppe, Konzern

H

haut de gamme – hochwertig
hésiter – zögern
honorer – *(Rechnung)* bezahlen; *(Bestellung)* ausführen
hors ligne – offline
hors taxes – steuerfrei
hospitalité *f* – Gastfreundschaft
sous **huitaine** – in / innerhalb einer Woche

I

immédiat/e – unverzüglich
immédiatement – sofort, unverzüglich
impatience *f* – Ungeduld
impayé/e – unbezahlt
important/e – deutlich *(Preisnachlass)*
importation *f* – Einfuhr, Import
imprévu/e – unvorhergesehen
imprimante *f* – Drucker
imprimé *m* – Drucksache
imprimer – drucken
inadéquat/e – ungeeignet
incident *m* – Vorfall
inclus/e – einschließlich
incompétence *f* – Inkompetenz
inconvénient *m* – Nachteil
indication *f* – Angabe
indiquer (un prix) – (einen Preis) angeben
informer – informieren, benachrichtigen
ingrédient *m* – Zutat
insister sur – bestehen auf
installation *f* – Installation; Anlage
avoir l'**intention de** – planen, vorhaben
interlocuteur/-trice *m/f* – Gesprächspartner/-in
intermédiaire – Zwischen-
intermédiaire *m* – Mittelsmann, -person
internaute *m/f* – Internetsurfer/-in
Internet *m* – Internet
être **interrompu/e** – *(am Telefon)* unterbrochen werden
intervenant *m* – Redner, Referent
investir – investieren
inviter – einladen
irrévocable – unwiderruflich

J

joindre – beilegen; *(telefonisch)* erreichen
se **joindre à** – sich anschließen
joint-venture *m* – Joint Venture
jubilé *m* – Jubiläum

K

kit *m* – Gesamtpaket; Satz

L

lancement *m* – Einführung
lancer – auf den Markt bringen
lettre *f* – Brief; Buchstabe
lettre *f* **de change** – Wechsel
lettre *f* **de crédit** – Akkreditiv
lettre *f* **de rappel** – Zahlungserinnerung
en **lettres capitales** – in Blockschrift
libeller – *(Scheck)* ausstellen; *(in Computer)* eingeben
lieu *m* – Ort
avoir **lieu** – stattfinden
ligne *f* – Telefonleitung
être en **ligne** – am Telefon / am Apparat sein; online sein

hors **ligne** – offline
limité/e – begrenzt
liquidité *f* – Liquidität, flüssige Mittel
liste *f* **de prix** – Preisliste
litige *m* – Rechtsstreit(igkeit)
livrable – lieferbar
livraison *f* – Lieferung
livrer – liefern
livreur *m* – Auslieferer
location *f* – Miete
locaux *mpl* – Geschäftsräume
logiciel *m* – Software
logo *m* – Firmenzeichen
lors de – während, bei
lot *m* – Teil; Posten

M

magasin *m* – Lager(raum)
en **magasin** – vorrätig
magnétoscope *m* – Videorekorder
mailing *m* – Mailing, Infopost
maintenance *f* – Wartung
maintenir – aufrechterhalten
mandant *m* – Auftraggeber; Vollmachtgeber; Mandant
mandat *m* **postal** – Postanweisung
maniement *m* – Handhabung
manquer – fehlen
marchandise *f* – Ware
marché *m* – Markt
maritime – See-; seemäßig
marketing *m* – Vermarktung, Marketing
mécontentement *m* – Unzufriedenheit
membre *m* – Mitglied; Mitarbeiter/in
mél *m* – E-Mail
mensuel/le – monatlich
mentionner – erwähnen, angeben
méprise *f* – Versehen
mercatique *f* – Marketing
message *m* – Nachricht
message *m* **électronique** – E-Mail
message *m* **texte** – SMS
mesure *f* – Maßnahme
être en **mesure de** – in der Lage sein
prendre des **mesures** – Maßnahmen ergreifen
mettre en demeure de – auffordern zu
mise *f* **en demeure** – Zahlungsaufforderung
mise *f* **en pages** – Layout(en)
à **mi-temps** – halbtags
mission *f* – Aufgabe
mobile *m* – Handy
modèle *m* – Modell
modification *f* – Änderung
modifier – ändern
montant *m* – Betrag
moyen *m* – Mittel
moyen/ne – durchschnittlich
moyennant – mittels, durch

N

navigateur *m* – Browser
naviguer – (im Internet) surfen
net/te – netto
au **nom de** – auf den Namen; im Auftrag von
nomination *f* – Ernennung; Beförderung
nommer – nennen; befördern
norme *f* – Norm; Maßstab
prendre **note de** – beachten
noter – vormerken; notieren
novateur/-trice – innovativ
numéro *m* **de compte** – Kontonummer
numéro *m* **d'ordre** – Auftragsnummer
numéro *m* **direct** – Durchwahl

O

objet *m* – Betreff
obligation *f* – Verpflichtung
obligé/e – dankbar; verpflichtet
obligeance *f* – Gefälligkeit, Entgegenkommen
obtenir – erhalten
occasion *f* – Gelegenheit
à l'**occasion de** – anlässlich
occuper – besetzen; beschäftigen
offre *f* – Angebot
offre *f* **d'emploi** – Stellenangebot

offre *f* **ferme** – verbindliches Angebot
offre *f* **promotionnelle** – Werbe-, Sonderangebot
offrir – anbieten, bieten
omettre – versäumen, vergessen
omission *f* – Versehen
onéreux/-euse – kostspielig
en **option** – als Option, Sonder-; auf Wunsch
ordinateur *m* – Computer
ordre *m* – Auftrag
à l'**ordre de** – an
par **ordre** – im Auftrag, i.A.
oubli *m* – Versehen
ouverture *f* – Eröffnung
ouvrir un compte – ein Konto eröffnen

P

page *f* **d'accueil** – Homepage
page *f* **Web** – Webseite
paiement *m* – Zahlung
paiement *m* **à la livraison** – Zahlung gegen Nachnahme
paiement *m* **anticipé** – Vorauszahlung
paiement *m* **comptant** – Barzahlung
paraître – erscheinen
parrainage *m* – Sponsoring, Förderung
faire **part de** – mitteilen
partenaire *m* **commercial** – Handelspartner
partenariat *m* – Partnerschaft
participer à – teilnehmen an
particulièrement – besonders
partie *f* **contractante** – Vertragspartei
à **partir du** – ab dem *(Datum)*
parvenir – zugehen
faire **parvenir** – weiterleiten, zugehen lassen
passer – *(Bestellung)* erteilen, aufgeben
passer qn – *(am Telefon)* mit jdm verbinden
payable – zahlbar, fällig
pays *m* **en voie de développement** – Entwicklungsland
pension *f* **complète** – Vollpension
percevoir – *(Provision)* erhalten
performance *f* – Leistung
permettre – erlauben
personnel *m* – Personal
perspectives *fpl* – Perspektiven, Chancen
perte *f* – Verlust
perturbation *f* – Störung
perturber – stören
peser – wiegen
pièce *f* – Stück
pièce *f* **détachée** – Ersatzteil
pièce *f* **jointe** – Anlage
pièce *f* **justificative** – Beleg
se **plaindre** – sich beschweren
plaisir *m* – Vergnügen
planning *m* – Zeitplan
sous **pli séparé** – mit getrennter Post
sous ce **pli** – anbei, als Anlage
port *m* – Hafen
en **port dû** – unfrei
port *m* **payé assurance comprise** – frachtfrei versichert
portable – tragbar
portable *m* – Handy, Mobiltelefon
poser sa candidature – sich bewerben
poste *m* – Stelle; *(Telefon)* Apparat
poste *f* **restante** – postlagernd
potentiel/le – potenziell
pourcentage *m* – Prozentsatz, prozentualer Anteil
préalable – vorherig
préalablement – vorher, zuvor
préavis *m* – vorherige Benachrichtigung, Vorankündigung; *(Vertrag)* Kündigungsfrist
précédent/e – vorhergehend
préciser – genau angeben
préconiser – empfehlen
préjudice *m* – Schaden
prélèvement *m* – Abbuchung
présence *f* – Anwesenheit
présenter – vorstellen; aufweisen
présidence *f* – Vorsitz
président/e *m/f* – Vorsitzende/r
Président-directeur *m* **général (P.D.G.)** – Generaldirektor; Vorstandsvorsitzende/r
prestation *f* **de service** – Serviceleistung
prêt/e à l'envoi – fertig zur Auslieferung
prévoir – vorsehen

prix *m* **du catalogue** – Listenpreis
prix *m* **unitaire** – Stückpreis
procéder (à) – vornehmen
prochain/e – baldig, bevorstehend
par **procuration** – per Prokura, in Vertretung
produit *m* – Produkt
produit *m* **analogue** – Ersatzprodukt
professionnel/le – Berufs-; beruflich
prometteur/-euse – vielversprechend
promotion *f* – Beförderung; (Verkaufs-)Förderung
promotionnel/le – Werbe-, Sonder-
promouvoir – ernennen, befördern
prompt/e – umgehend
proposer – vorschlagen; anbieten
proposition *f* – Vorschlag; Angebot
prospérité *f* – Glück; Wohlstand
publicité *f* – Werbung
publipostage *m* – Mailing

Q

qualité *f* – Qualität
quant à – betreffend
quantité *f* – Menge

R

rabais *m* – Rabatt
raison *f* – Grund
en **raison de** – wegen, aufgrund
rapidité *f* – Eile, Schnelligkeit
rappel *m* – Erinnerung, Mahnung; Rückruf
rappeler – erinnern, mahnen; zurückrufen
rapport *m* – Bericht
récemment – kürzlich
récent/e – kürzlich erfolgt; jüngste/r/s
réception *f* – Empfang, Erhalt; Eingang
réceptionner – in Empfang nehmen
recevoir – erhalten, bekommen
rechercher – suchen
réclamation *f* – Reklamation
(en) **recommandé** *m* – (per) Einschreiben
reconnaissant/e – dankbar
recouvrement *m* – *(von Schulden)* Einziehung
recruter – anwerben; einstellen
rectification *f* – Berichtigung
rédiger – verfassen
réduction *f* – Ermäßigung
réduire – ermäßigen
référence *f* – Bezugszeichen; Bestellnummer
références *fpl* **bancaires** – Bankverbindung
en **référence à** – bezüglich, mit Bezug auf
se **référer à** – sich beziehen auf
règlement *m* – Zahlung; Verordnung, Regelung
régler – (be)zahlen
régler un problème – ein Problem lösen
regret *m* – Bedauern
regretter – bedauern
relance *f* – Erinnerung
relevé *m* **de compte** – Kontoauszug
rembourser – zurückzahlen, -erstatten
remercier – bedanken
remettre – verlegen
remise *f* – Mengenrabatt; Übergabe
remplacement *m* – Ersatz
remplacer – ersetzen
remplir – ausfüllen
rémunérer – vergüten; entlohnen
rencontre *f* – Treffen
rencontrer – treffen
rendez-vous *m* – Verabredung, Termin
prendre **rendez-vous** – sich verabreden, einen Termin vereinbaren
rendre visite – besuchen
renouveler – erneuern; verlängern
renseignement *m* – Auskunft
renseigner – Auskunft erteilen
renvoyer – zurücksenden
répondeur *m* **automatique** – Anrufbeantworter
en **réponse à** – in Beantwortung
reporter à – verschieben auf
reprendre – zurücknehmen; *(Markt)* sich erholen
représentant/e *m/f* – Vertreter/in
représentation *f* – Vertretung
réputation *f* – Ruf
requis/e – erforderlich
réseau *f* **de distribution** – Vertriebsnetz
réservation *f* – Reservierung

sous **réserve de** – vorbehaltlich
réserver – vormerken, reservieren
résilier – *(Vertrag)* kündigen
respecter – einhalten
responsabilité *f* – Verantwortung
responsable – verantwortlich; haftbar
responsable *m/f* **des ventes** – Verkaufsleiter/in
retard *m* – Verzögerung, Verzug
retenir – buchen; vormerken; berücksichtigen
se **retirer** – ausscheiden, zurücktreten
par **retour du courrier** – postwendend
retourner – zurücksenden
rétroprojecteur *m* – Overheadprojektor
réunion *f* – Sitzung, Besprechung; Treffen
revendication *f* – Forderung
ristourne *f* – Rabatt

S

salaire *m* – Lohn, Gehalt
salon *m* – Messe
satisfaction *f* – Zufriedenheit
satisfaire (à) – zufrieden stellen; entsprechen, erfüllen
scellé/e – versiegelt
au **sein de** – (mitten) in
séjour *m* – Aufenthalt
semblable – ähnlich
séparément – getrennt
service *m* – Abteilung; Dienst, Service
service *m* **à la clientèle** – Kundenservice
service *m* **après-vente** – Kundendienst
service *m* **comptable** – Rechnungsabteilung
service *m* **du contentieux** – Rechtsabteilung
service *m* **des ventes** – Verkaufsabteilung
service *m* **en ligne** – Online-Dienst
siège *m* **social** – Firmensitz
signaler – aufmerksam machen auf
signer – unterschreiben
site Web *m* – Website
société *f* – Gesellschaft, Firma
société *f* **anonyme** – Aktiengesellschaft
soin *m* – Sorgfalt
solder – *(Konto)* ausgleichen
solliciter un poste – sich um eine Stelle bewerben
souhaiter – wünschen
soumettre – unterbreiten, vorlegen
souscrire (un abonnement) – (einen Abonnementvertrag) abschließen
sponsoring *m* – Sponsoring, Förderung
stage *m* – Praktikum
stagiaire *m/f* – Praktikant/in
stand *m* – (Messe-)Stand
sténo-dactylo *f* – Stenotypie; Stenotypistin
stock *m* – Vorrat, Lagerbestand
succès *m* – Erfolg
succursale *f* – Filiale, Zweigstelle
suffisant/e – ausreichend
suggérer – vorschlagen
suite à – bezüglich
(comme) **suite à** – Bezug nehmend auf
par **suite de** – aufgrund, wegen
faire **suivre** – nachsenden
supérieur/e à – höher als, über
supplémentaire – zusätzlich
supporter – *(Kosten)* tragen
surfer sur Internet – im Internet surfen
survenir – eintreten; erfolgen

T

tarif *m* – Tarif, Preis
tarif *m* **courant** – aktuelle Preisliste
tarif *m* **préférentiel** – Sonderpreis
taux *m* **de change** – Wechselkurs
taxe *f* – Steuer, Abgabe
taxe *f* **à la valeur ajoutée** – Mehrwertsteuer
hors **taxes** – steuerfrei
télécopie *f* – Telefax
à **temps complet** – vollzeitbeschäftigt; Vollzeit-
en **temps voulu** – zu gegebener Zeit
tenir – halten; führen
tenir à – für wichtig halten
tenue *f* **de soirée** – Abendkleidung
tenue *f* **de ville** – Gesellschaftskleidung
terme *m* – Frist; Ausdruck
à **titre de** – (in der Eigenschaft) als …

traite *f* – Wechsel, Tratte
traiter – handeln; sich befassen mit; *(Bestellung)* bearbeiten
transférer à – verlegen nach
transmettre – übermitteln; übergeben
transporteur *m* – Frachtführer, Spediteur
tribunal *m* **d'arbitrage** – Schiedsgericht
tribunal *m* **de droit commun** – ordentliches Gericht
trimestre *m* – Quartal
trimestriel/le – vierteljährlich

U

urgent/e – dringend
d'**usage** – üblich, herkömmlich
usine *f* – Werk
utile – nützlich

V

vacant/e – *(Stelle)* frei
valable – gültig
validité *f* – Gültigkeit
vendeur/-euse *m/f* – Verkäufer/in
vendre – verkaufen
vente *f* **intermédiaire** – Zwischenverkauf
vente *f* **préalable** – Zwischenverkauf
vérification *f* – Prüfung; Durchsicht
vérifier – nachprüfen
versement *m* – Zahlung
verser – (aus)zahlen
vidéoconférence *f* / **visioconférence** *f* – Videokonferenz
en **vigueur** – gültig, rechtskräftig
virement *m* **bancaire** – Banküberweisung
virer – überweisen
vitrine *f* **en ligne** – Online-Shop
vœux *mpl* – (Glück-)Wünsche
voyage *m* **d'affaires** – Geschäftsreise

Deutsch-französisches Glossar

A

ab – *(Zeitpunkt)* à compter de; *(Datum)* à partir du
Abbestellung – contrordre *m*
Abbuchung – prélèvement *m*
Abendkleidung – tenue *f* de soirée
Abgabe – taxe *f*
abgelaufen *(Frist)* – écoulé/e
Ablauf *(einer Frist)* – expiration *f*
ablehnen – refuser, décliner
Absage – contrordre *m*, annulation *f*
absagen – annuler
abschließen *(Abonnementvertrag)* – souscrire
Absender – expéditeur *m*
Abteilung – service *m*, département *m*
abziehen – déduire
Abzug – déduction *f*
Agentur – agence *f*
Akkreditiv – crédit *m* documentaire
Akku – batterie *f*
Akte – dossier *m*
Aktiengesellschaft – société *f* anonyme
Alleinvertreter – concessionnaire *m*
Alleinvertretervertrag – contrat *m* de concession
Alleinvertretung – concession *f*
in der Eigenschaft **als** – à titre de
anbei – ci-joint, sous ce pli
anbieten – offrir, proposer
ändern – modifier
Änderung – modification *f*
Anfrage – demande *f* (d'offre(s), de renseignements)
auf **Anfrage** – sur demande
anfragen – demander
Angabe – indication *f*
angeben – indiquer, mentionner
Angebot – offre *f*, proposition *f*
Angestellte/r – employé/e *m/f*
ankündigen – annoncer
Ankündigung – annonce *f*
Ankunft – arrivée *f*
Anlage – annexe *f*, pièce *f* jointe
als **Anlage** – ci-joint, sous ce pli
anlässlich – à l'occasion de
Annahme – acceptation *f*
annehmen – accepter
annullieren – annuler
Annullierung – annulation *f*
Anruf – appel *m*
Anrufbeantworter – répondeur *m* automatique
anschließen – connecter
sich **anschließen** – se joindre à
sich **anschließen lassen** *(Internet)* – se connecter à (l'Internet)
Anschluss *(ans Internet)* – connexion *f* à l'Internet
Anschrift – adresse *f*
Anspruch – exigence *f*
anstellen – employer
Anstieg – accroissement *m*
Anweisung – directive *f*
anwenden – employer, utiliser
anwerben – recruter
Anwesenheit – présence *f*
Anzahlung – acompte *m*, arrhes *fpl*
Anzeige – annonce *f*
anzeigen – aviser
Apparat *(Telefon)* – poste *m*
Ärger – contrariété *f*
Artikel – article *m*
aufbauen *(Partnerschaft)* – établir
Aufenthalt – séjour *m*
auffächern – diversifier
auffordern zu – mettre en demeure de
Aufgabe – mission *f*
aufgeben *(Bestellung)* – passer
aufgrund – par suite de, en raison de
aufmerksam machen auf – signaler, attirer l'attention sur
Aufmerksamkeit – attention *f*
aufrechterhalten – maintenir
Aufschwung – essor *m*
Auftrag – ordre *m*

im **Auftrag (i.A.)** – par ordre, par autorisation
im **Auftrag von** – au nom de
Auftraggeber – commettant *m*, mandant *m*, client *m*
Auftragsnummer – numéro *m* d'ordre
aufweisen – comporter, présenter
Ausbildung – formation *f*
ausdehnen – élargir
Ausdruck – terme *m*
ausführen – effectuer, exécuter; *(Bestellung)* honorer
ausführlich – détaillé/e ; *(Information)* ample
Ausführung – exécution *f*
ausfüllen – remplir
Ausgaben – dépenses *fpl*
ausgestattet mit – équipé/e de
ausgleichen *(Konto)* – solder
Auskunft – renseignement *m*
Auskunft erteilen – renseigner
Auskunftsgesuch – demande *f* de renseignement(s)
Auslieferer – livreur *m*
ausreichend – suffisant/e
ausscheiden – se retirer
Ausstattung – équipement *m*
ausstellen – exposer, établir; *(Scheck)* libeller
ausüben – exercer
ausverkauft – épuisé/e
Auswahl – choix *m*, gamme *f*
Ausweitung – expansion *f*
auszahlen – verser

B

baldig – prochain/e
Bank- – bancaire
Banküberweisung – virement *m* bancaire
Bankverbindung – références *fpl* bancaires
Bargeld – espèces *fpl*
Barzahlung – paiement *m* comptant
beabsichtigen – envisager
beachten – prendre note de
in **Beantwortung** – en réponse à
bearbeiten *(Bestellung)* – traiter
beauftragen mit – charger de
bedanken – remercier
Bedarf – besoin *m*
Bedauern – regret *m*
bedauern – regretter
Bedingung – condition *f*
sich **beeilen** – s'empresser de
sich **befassen mit** – traiter
befördern – promouvoir, nommer
Beförderung – promotion *f*, nomination *f*
befürchten – craindre
beglaubigt – certifié/e (conforme)
begleichen – acquitter
begrenzt – limité/e
begünstigt sein – être favorisé/e de
Begünstigte/r – bénéficiaire *m/f*
beilegen – joindre
Beileidswünsche – condoléances *fpl*
beinhalten – contenir
Beleg – pièce *f* justificative
belegt *(Hotel)* – complet
beliefern – fournir
benachrichtigen – informer, aviser de
benötigen – avoir besoin de
benutzerfreundlich – facile à utiliser
berechnen – facturer
Berechnung – calcul *m*, facturation *f*
Bericht – rapport *m*
Berichtigung – rectification *f*
beruflich – professionnel/le
Berufs- – professionnel/le
beschädigt – abîmé/e, endommagé/e
beschäftigen – occuper
Beschäftigung – emploi *m*
sich **beschweren** – se plaindre
besetzen – occuper
Besprechung – réunion *f*
bestätigen – confirmer
Bestätigung – confirmation *f*
bestehen auf – insister sur
bestellen – commander
Bestellnummer – référence *f*
Bestellschein – bon *m* de commande
Bestellung – commande *f*

Bestimmungsort – destination *f*
besuchen – rendre visite
Betrag – montant *m*
Betreff – objet *m*
betreffend – concernant, quant à
Betriebsleiter/in – directeur/-trice *m/f* d'entreprise
Betriebswirtschaft – gestion *f* d'entreprise
bevorstehend – prochain/e
sich **bewerben** – poser sa candidature
sich um eine Stelle **bewerben** – solliciter un poste
Bewerbung – candidature *f*, demande *f* d'emploi
bezahlen *(Rechnung)* – régler, honorer, acquitter
beziehen – se fournir
sich **beziehen auf** – se référer à
Bezug nehmend auf – (comme) suite à
mit **Bezug auf** – en référence à
bezüglich – en référence à, à la suite de, suite à
Bezugszeichen – référence *f*
Binnenwasser- – fluvial/e
bitten – prier
in **Blockschrift** – en lettres capitales, en caractères d'imprimerie
Brief – lettre *f*, courrier *m*
bringen – apporter
Browser – navigateur *m*
buchen – réserver, retenir; enregistrer
Buchhaltung – comptabilité *f*
buchstabieren – épeler
Business-Class – classe *f* affaires

C

Computer – ordinateur *m*
Chat – bavardage *m*, causerie *f*

D

dankbar – reconnaissant/e, obligé/e
Datum – date *f*
dauerhaft – durable
detailliert – détaillé/e
deutlich *(Preisnachlass)* – important/e, substantiel/le
Dienst – service *m*
Diskussionsforum – forum *m* de discussion
Doppel – double *m*
dringend – urgent/e
drucken – imprimer
Drucker – imprimante *f*
Drucksache – imprimé *m*
durchführen – effectuer; exécuter
durchschnittlich – moyen/ne
Durchsicht – vérification *f*
Durchwahl – numéro *m* direct

E

in der **Eigenschaft als** – à titre de
Eile – rapidité *f*
Eilzustellung – par exprès
sich **eindecken** – se fournir
Einfuhr – importation *f*
Einführung – lancement *m*
Eingang – réception *f*, arrivée *f*
eingeben *(Computer)* – libeller
einhalten – respecter
einladen zu – inviter à, convier à
einräumen *(Kredit)* – accorder
einschließlich – inclus/e
(per) **Einschreiben** – (en) recommandé *m*
einsichtig – compréhensif/-ve
einstellen – employer, recruter
eintreten – survenir
Einzelhändler/in – détaillant/e *m/f*
Einzelheiten – détails *mpl*
Einzelzimmer – chambre *f* individuelle
Einziehung *(von Schulden)* – recouvrement *m*
E-Mail – courrier *m* électronique, courriel *m*, e-mail *m*, mél *m*
Empfang – accueil *m*, réception *f*

den **Empfang bestätigen** – accuser réception
in **Empfang nehmen** – réceptionner
empfangen – accueillir
Empfangsbestätigung – accusé *m* de réception
empfehlen – préconiser, recommander
Entgegenkommen – obligeance *f*
enthalten – comporter
entlohnen – rémunérer
entrichten – acquitter
entsprechen – correspondre (à), être conforme (à), satisfaire (à); *(Bitte)* consentir (à)
entsprechend – conformément à
Entwicklungsland – pays *m* en voie de développement
Ereignis – événement *m*
erfahren – apprendre
Erfolg – succès *m*
erfolgen – s'effectuer, se faire; survenir
erfolgreich – fructueux/-euse
erforderlich – exigé/e, nécessaire
erfüllen – satisfaire (à)
ergänzend – complémentaire
Erhalt – réception *f*
erhalten – obtenir, recevoir; *(Provision)* percevoir
erhöhen – augmenter
sich **erholen** *(Markt)* – reprendre
erinnern – rappeler
Erinnerung – relance *f*, rappel *m*
erlauben – permettre
erleichtern – faciliter
Erleichterung – facilité *f*
in **Ermangelung** – à défaut de
ermäßigen – réduire
Ermäßigung – réduction *f*
ernennen – nommer, promouvoir
Ernennung – nomination *f*
erneuern – renouveler
erobern – conquérir
ein Konto **eröffnen** – ouvrir un compte
Eröffnung – ouverture *f*
erreichen *(telefonisch)* – joindre
Ersatz – remplacement *m*
Ersatzprodukt – produit *m* analogue
Ersatzteil – pièce *f* détachée
erscheinen – paraître
ersetzen – remplacer
Erstbestellung – commande *f* initiale
erstellen – établir
erteilen *(Bestellung)* – passer
erwähnen – mentionner
erwarten – attendre
Erwartung – attente *f*
erwerben – acquérir
als **Expressgut** – par colis express

F

fällig – payable, dû / due, échu/e
Fälligkeit – échéance *f*
Faltprospekt – dépliant *m*
Familienbetrieb – entreprise *f* familiale
fehlen – manquer
Fehler – erreur *f*
fehlerhaft – érroné/e
fertig zur Auslieferung – prêt/e à l'envoi
festlegen – fixer
festsetzen – fixer
feststellen – constater
Filiale *(Zweigstelle)* – succursale *f*
Firma – société *f*, entreprise *f*
Firmenleiter/in – directeur/-trice *m/f* / chef *m* d'entreprise
Firmensitz – siège *m* social
Firmenzeichen – logo *m*
Fluss- – fluvial/e
Förderung – promotion *f*; parrainage *m*, sponsoring *m*
Forderung – revendication *f*
Fracht – fret *m*
frachtfrei – franco de port, fret / port payé
frachtfrei versichert – port payé/e, assurance comprise
Frachtführer – transporteur *m*
Franchising – franchise *f*
frei – franco; *(Stelle)* vacant/e
frei Haus – franco domicile

frei Verpackung – franco d'emballage
Frist – délai *m*, terme *m*
führen – tenir
Führung – gestion *f*
Fusion – fusion *f*

G

Garantie – garantie *f*
garantieren – garantir
Gastfreundschaft – hospitalité *f*
Gebühren – droits *mpl*
Gefälligkeit – obligeance *f*
als **Gegenleistung** – en échange
Gehalt – salaire *m*
flüssige **Gelder** – liquidité *f*
Gelegenheit – occasion *f*
gemäß – conformément à
genau – détaillé/e
Generaldirektor – Président-directeur *m* général (P.D.G.)
ordentliches **Gericht** – tribunal *m* de droit commun
Gesamtpaket – kit *m*
Geschäfte – affaires *fpl*
Geschäfts- – commercial/e
Geschäftsführer/in – gérant/e *m/f*
Geschäftsführung – gestion *f* (d'entreprise)
Geschäftsjahr – année *f* commerciale, exercice *m*
Geschäftsräume – locaux *mpl*
Geschäftsreise – voyage *m* d'affaires
auf **Geschäftsreise sein** – être en déplacement *m*
geschuldet – dû / due
Gesellschaft – société *f*
Gesellschaftskleidung – tenue *f* de ville
Gespräch – entretien *m*
Gesprächspartner/in – interlocuteur/ -trice *m/f*
getrennt – séparément
gewähren – accorder, consentir
gewährleisten – garantir
Gewährleistung – garantie *f*
gezwungen – contraint/e, obligé/e
Glückwünsche – félicitations *fpl*, vœux *mpl*
gratulieren – féliciter
großzügig *(Preisnachlass)* – important/e
Grund – raison *f*
gültig – valable; en vigeur
Gültigkeit – validité *f*
günstig – avantageux/-euse
Gutachten – expertise *f*
Guthaben – avoir *m*
gutschreiben – créditer
Gutschrift – avoir *m*

H

Hafen – port *m*
haftbar – responsable
Halbpension – demi-pension *f*
halbtags – à mi-temps
halten – tenir
für wichtig **halten** – tenir à
handeln – traiter
Handels- – commercial/e
Handelskammer – chambre *f* de commerce
Handelspartner – partenaire *m* commercial
Handelsvertreter – agent *m* commercial
zu **Händen von** – à l'attention de
Handhabung – maniement *m*
Handy – mobile *m*, (téléphone) portable *m*
herkömmlich – d'usage
herstellen – fabriquer
Hersteller – fabricant *m*
Herstellung – fabrication *f*
hochwertig – haut de gamme
Homepage – page *f* d'accueil

I

Import – importation *f*
(mitten) **in** – au sein de
inbegriffen – compris/e, inclus/e
Infopost – mailing *m*
Informationsmaterial – documentation *f*
Inhalt – contenu *m*
Inkompetenz – incompétence *f*
innovativ – novateur/-trice

Installation – installation *f*
Internet – Internet *m*
im **Internet surfen** – surfer sur Internet, naviguer
Internetanbieter – prestataire *m* d'accès
Internetanschluss – connexion *f* à l'Internet / sur Internet
Internetsurfer/in – internaute *m/f*
Internetverkauf – commerce *m* électronique
investieren – investir

J

Jahres- – annuel/le
jährlich – annuel/le
Joint Venture – co-entreprise *f*, joint-venture *m*
Joint-Venture-Vertrag – contrat *m* de co-entreprise
Jubiläum – anniversaire *m*, jubilé *m*
hundertjähriges **Jubiläum** – centenaire *m*
jüngste/r/s – récent/e

K

Kalkulation – calcul *m*
Käufer – acheteur *m*
Kasse – caisse *f*
kaufmännisch – commercial/e
Kaufvertrag – contrat *m* de vente
Kiste – caisse *f*
Klammeraffe *(@)* – arobas *m*, arobase *f*
Kompetenz – compétence *f*
Konferenz – conférence *f*
Kongress – congrès *m*
Konkurrenz – concurrents *mpl*, concurrence *f*
Konkurrenz- – compétitif/-ve, concurrentiel/le
konkurrenzfähig – compétitif/-ve, concurrentiel/le
Kontakt aufnehmen – contacter
Konto – compte *m*
Kontoauszug – relevé *m* de compte
Kontonummer – numéro *m* de compte
Konzern – groupe *m*
Kopie – copie *f*, double *m*
Kosten – coût *m*, frais *mpl*, dépenses *fpl*
kostenlos – gratuit/e, gratuitement, gracieusement
Kostenvoranschlag – devis *m*
kostspielig – onéreux/-euse
Kredit – crédit *m*
Kreditkarte – carte *f* de crédit
Kunde/-in – client/e *m/f*
Kundendienst – service *m* après-vente
Kundenkonto – compte *m* client
Kundenservice – service *m* à la clientèle
kündigen – annuler, résilier
Kündigungsfrist *(Vertrag)* – préavis *m*
Kundschaft – clientèle *f*
in **Kürze** – sous peu
kürzlich – récemment

L

Ladung – chargement *m*
in der **Lage sein** – être en mesure de
Lager – entrepôt *m*, magasin *m*
Lagerbestand – stock *m*
zu **Lasten von** – à la charge de
Lastwagen – camion *m*
berufliche **Laufbahn** – carrière *f*
im **Laufe von** – dans le courant de
Layout(en) – mise *f* en pages
Lebenslauf – curriculum vitae *m*
ledig – célibataire
leicht – aisé/e
Leistung – efficacité *f*, performance *f*
Lieferant – fournisseur *m*
lieferbar – livrable
liefern – livrer, fournir
Lieferschein – bon *m* de livraison
Lieferung – livraison *f*, fourniture *f*
Liquidität – liquidité *f*
Listenpreis – prix *m* du catalogue
Lohn – salaire *m*
ein Problem **lösen** – régler un problème
(per) **Luftfracht** – par avion

M

mahnen – rappeler
Mahnschreiben – lettre *f* de rappel
Mahnung – rappel *m*
Mailbox – boîte *f* vocale
Mailing – publipostage *m*, mailing *m*
mangels – à défaut de
Marketing – mercatique *f*, marketing *m*
Markt – marché *m*
auf den **Markt bringen** – lancer
Marktanalyse, -studie – étude *f* de marché
Maßnahme – mesure *f*
Maßnahmen ergreifen – prendre des mesures
Maßstab – norme *f*
per **Mausklick bestellen** – cliquer une commande
Mehrwertsteuer – taxe *f* à la valeur ajoutée
Menge – quantité *f*
Mengenrabatt – remise *f*
Messe – foire *f*, salon *m*
Miete – location *f*
Mitarbeiter/in – employé/e *m/f*
Mitglied – membre *m*
mitteilen – faire part de
Mittel – moyen *m*
mittels – moyennant
Mittelsmann, -person – intermédiaire *m*
Mobiltelefon – portable *m*
Modell – modèle *m*
monatlich – mensuel/le
dieses **Monats** *(Datum)* – courant
Multimediakonferenz – conférence-multimédia *f*
Muster – échantillon *m*

N

Nachfrage – demande *f*
nachprüfen – vérifier
Nachricht – message *m*
nachsenden – faire suivre
Nachteil – inconvénient *m*
auf den **Namen** – au nom de
nennen – nommer
netto – net/te
Newsgroup – forum *m* de discussion
Norm – norme *f*
notieren – noter
nützlich – utile

O

offline – hors ligne
online – en ligne
Onlinedienst – service *m* en ligne
Onlineshop – vitrine *f* en ligne
Onlineshopping – achat *m* en ligne
ordnungsgemäß – dûment
Ort – lieu *m*
Overheadprojektor – rétroprojecteur *m*

P

Partnerschaft – partenariat *m*
passen – concorder
Personal – personnel *m*
pflegen – entretenir
planen – avoir l'intention de
Post – courrier *m*
mit getrennter **Post** – sous pli séparé
mit gleicher **Post** – sous ce pli
Postanweisung – mandat *m* postal
Posten – lot *m*
postlagernd – poste *f* restante
Postleitzahl – code *m* postal
postwendend – par retour du courrier
potenziell – potentiel/le
Praktikant/in – stagiaire *m/f*
Praktikum – stage *m*
Preis – prix *m*, tarif *m*, coût *m*
Preisliste – liste *f* de prix, tarif *m*
preiswert – économique
Probe – essai *m*, échantillon *m*
Probeauftrag – commande *f* d'essai
Produkt – produit *m*
Produktpalette – éventail *m* de produits, gamme *f* de produits
profitieren von – bénéficier de
Pro-forma-Rechnung – facture *f* pro-forma

per **Prokura** – par procuration
Protokoll – compte *m* rendu
Provider – fournisseur *m* d'accès, prestataire *m* d'accès
Provision – commission *f*
Prozentsatz – pourcentage *m*
prozentualer Anteil – pourcentage *m*
Prüfung – examen *m*; vérification *f*

Q

Qualität – qualité *f*
Quartal – trimestre *m*

R

Rabatt – rabais *m*, ristourne *f*
raten – conseiller
rechnen (mit) – compter (sur)
Rechnung – facture *f*
auf **Rechnung von** – pour le compte de
Rechnungsabteilung – service *m* comptable
Rechnungsdatum – date *f* de facturation
Rechnungsstellung – facturation *f*
Recht – droit *m*
Rechtsabteilung – service *m* du contentieux
rechtskräftig – en vigueur
Rechtsstreit(igkeit) – litige *m*
Redner – intervenant *m*
Regelung – règlement *m*
Reklamation – réclamation *f*
reservieren – réserver
Reservierung – réservation *f*
Rückruf – rappel *m*
Rückschein – avis *m* de réception
Ruf – réputation *f*

S

sachkundig – compétent/e
Schachtel – boîte *f*
Schaden – dommage *m*, préjudice *m*, avarie *f*
schätzen – évaluer
Schätzung – estimation *f*
Scheck – chèque *m*
schicken – envoyer (à), adresser (à)
Schiedsgericht – tribunal *m* d'arbitrage
Schiff – bateau *m*
Schnelligkeit – diligence *f*
Schreiben – courrier *m*, lettre *f*
Schritte unternehmen – faire des démarches *fpl*
Schulden – dettes *fpl*
See- – maritime
seemäßig – maritime
senden – envoyer (à), adresser (à)
Sendung – envoi *m*
Serie – série *f*, gamme *f*
Service – service *m*
Serviceleistung – prestation *f* de service
Sitzung – réunion *f*
Skonto – escompte *m*
SMS – message *m* texte
sofort – immédiatement
Software – logiciel *m*
Sonderangebot – offre *f* promotionnelle
Sonderpreis – tarif *m* préférentiel
sorgen für – assurer
Sorgfalt – soin *m*
Sortiment – gamme *f* de produits
Spediteur – transporteur *m*
Sponsoring – parrainage *m*, sponsoring *m*
Stammkunde/-in – client/e *m/f* fidèle
Stand *(Messe)* – stand *m*
stattfinden – avoir lieu
Stelle – emploi *m*, poste *m*
Stellenangebot – offre *f* d'emploi
Stenotypistin – sténo-dactylo *f*
Steuer – impôt *m*, taxe *f*
steuerfrei – hors taxes, exempt de taxes
stören – perturber
stornieren – annuler
Störung – perturbation *f*; contretemps *m*
Streik – grève *f*
Stück – pièce *f*
Stückpreis – prix *m* unitaire
suchen – rechercher
surfen *(Internet)* – surfer (sur Internet), naviguer

T

Tagung – congrès *m*
Tarif – tarif *m*
Tätigkeitsbereich – domaine *m* d'intervention
Team – équipe *f*
teilnehmen an – assister à, participer à
Telefax – télécopie *f*
am **Telefon sein** – être à l'appareil/en ligne
Tele(fon)-Konferenz – conférence-téléphone *f*
Termin – rendez-vous *m*
einen **Termin vereinbaren** – prendre rendez-vous
Terminplan – emploi *m* du temps
Tippfehler – faute *f* de frappe
tragbar – portable
tragen *(Kosten)* – supporter
Tratte – traite *f*
Treffen – rencontre *f*, réunion *f*
treffen – rencontrer
treu – fidèle

U

übereinstimmen mit – concorder, être conforme à
Übereinstimmung – accord *m*
in **Übereinstimmung mit** – en accord avec
Übergabe – remise *f*
übergeben *(Angelegenheit)* – confier
übermitteln – transmettre
überschreiten – dépasser
überweisen – virer
üblich – d'usage
Umfrage – enquête *f*
umgehend – prompt/e, dans les plus brefs délais
Umsatz – chiffre *m* d'affaires
Unannehmlichkeiten – désagréments *mpl*, contretemps *m*
unbezahlt – impayé/e
unentgeltlich – à titre gracieux
Unfall – accident *m*
unfrei – en port dû
ungeeignet – inadéquat/e
Unregelmäßigkeit – anomalie *f*
unterbreiten – soumettre
unterbrochen werden *(am Telefon)* – être coupé/e, être interrompu/e
unterhalten – entretenir
Unterlagen – documentation *f*, dossier *m*
Unternehmen – entreprise *f*
unterschreiben – signer
unverbindlich – sans engagement
unverzüglich – immédiat/e
unvorhergesehen – imprévu/e
unwiderruflich – irrévocable
Unzufriedenheit – mécontentement *m*

V

sich **verabreden** – prendre rendez-vous
Verabredung – rendez-vous *m*
verantwortlich – responsable
Verantwortung – responsabilité *f*
Verantwortung übernehmen – assumer des responsabilités
Verärgerung – contrariété *f*
verbessern – améliorer
mit jdm **verbinden** *(am Telefon)* – passer qn
verbindlich – ferme
sich in **Verbindung setzen** – contacter, prendre contact
verbreiten – diffuser
verdorben – altéré/e
vereinbaren – convenir (de)
wie **vereinbart** – comme convenu
Vereinbarung – accord *m*
verfügbar – disponible
zur **Verfügung haben** – disposer de
vergangen *(Monat)* – écoulé/e
vergessen – oublier, omettre
vergüten – rémunérer
verkaufen – vendre
Verkäufer/in – vendeur/-euse *m/f*
Verkaufsabteilung – service *m* des ventes
Verkaufsbedingungen – conditions *fpl* de vente
Verkaufsförderung – promotion *f*
Verkaufsleiter/in – responsable *m/f* des ventes
Verladen – chargement *m*

verlängern – prolonger; *(Vertrag)* renouveler
verlegen – déplacer, transférer (à); *(Termin)* remettre
Verlegenheit – embarras *m*
verloren gehen – s'égarer
Verlust – perte *f*
Vermarktung – commercialisation *f*, marketing *m*
vermerken – annoter
Verordnung – règlement *m*
verpacken – emballer
Verpackung – emballage *m*
sich **verpflichten** – s'engager (à)
verpflichtet – obligé/e
Verpflichtung – engagement *m*, obligation *f*
Versand – expédition *f*
versäumen – omettre
verschieben – ajourner, déplacer, reporter (à)
Versehen – omission *f*, oubli *m*
versenden – expédier
Versicherer – assureur *m*
versichern – assurer
Versicherte/r – assuré/e *m/f*
Versicherung – assurance *f*
Versicherungsgesellschaft – compagnie *f* d'assurance
versiegelt – scellé/e
verständlich – compréhensible
Verständnis – compréhension *f*
Versuch – essai *m*
vertiefen – approfondir
Vertrag – contrat *m*, accord *m*
Vertragspartei – partie *f* contractante
Vertrauen schenken – accorder confiance (à)
vertraulich – confidentiel/le
vertreiben – diffuser
Vertreter/in – représentant/e *m/f*
Vertretervertrag – contrat *m* de représentation (commerciale)
Vertretung – représentation *f*
in **Vertretung** – par procuration
Vertrieb – distribution *f*, commercialisation *f*
Vertriebsnetz – réseau *m* de distribution
verfassen – rédiger
Verwaltung – administration *f*
Verzögerung – retard *m*
Verzug – retard *m*
Videokonferenz – vidéoconférence *f*, visioconférence *f*
Videorekorder – magnétoscope *m*
vielversprechend – prometteur/-euse
vierteljährlich – trimestriel/le
Vollpension – pension *f* complète
Vollzeit- – à temps complet
Vorankündigung – préavis *m*
Voranschlag – devis *m*
Voraus- – anticipé/e
im **Voraus** – à l'avance, d'avance, par avance
Vorauszahlung – paiement *m* anticipé
vorbehaltlich – sous réserve de
Vorfall – incident *m*
Vorführung – démonstration *f*
in der **vorgesehenen Zeit** – dans les temps prévus, convenus
vorhaben – envisager, avoir l'intention de
vorher – préalablement
vorhergehend – précédent/e
vorherig – préalable
vorherige Benachrichtigung – préavis *m*
Vorkehrungen treffen – prendre des dispositions
vorlegen – soumettre
vormerken – enregistrer; noter; réserver, retenir
vornehmen – procéder à
Vorrat – stock *m*
vorrätig – disponible, en magasin
Vorschlag – proposition *f*
vorschlagen – proposer, suggérer
vorsehen – prévoir
Vorsitz – présidence *f*
Vorsitzende/r – président/e *m/f*
Vorstandsvorsitzende/r – Président-directeur *m* général (P.D.G.)
vorstellen – présenter
Vorteil ziehen aus – bénéficier de
vorteilhaft – avantageux/-euse
Vortrag – conférence *f*

W

Wahl – choix *m*
während – lors de
Ware – marchandise *f*
Warenprobe – échantillon *m*
warten – attendre
Wartung – maintenance *f*
Webseite – page *f* Web
Website – site *m* Web
Wechsel – lettre *f* de change, traite *f*
Wechselkurs – taux *m* de change
wegen – à cause de, en raison de, par suite de
weiterleiten – faire parvenir
Werbe- – promotionnel/le
Werbekampagne – campagne *f* publicitaire
Werbung – publicité *f*
Werk – usine *f*
ab **Werk** – départ usine
wettbewerbsfähig – compétitif/-ve, concurrentiel/le
wiegen – peser
wirtschaftlich – économique
in / innerhalb einer **Woche** – sous huitaine
Wohlstand – prospérité *f*
auf **Wunsch** – en option
wünschen – souhaiter

Z

zahlbar – payable
zahlen – payer, verser, régler
zählen (zu) – compter (parmi)
Zahlung – paiement *m*, règlement *m*, versement *m*
Zahlung gegen Nachnahme – paiement *m* à la livraison
Zahlungsanzeige – avis *m* de paiement
Zahlungsaufforderung – mise *f* en demeure
Zahlungsbedingungen – conditions *fpl* de paiement
Zahlungserinnerung – lettre *f* de rappel
Zahlungsziel – échéance *f*
in der vorgesehenen **Zeit** – dans les temps *mpl* convenus
zu gegebener **Zeit** – en temps voulu
Zeitplan – planning *m*
Zimmer mit Halbpension – chambre, petit déjeuner et dîner; chambre *f* en demi-pension
zögern – hésiter
Zoll(behörde) – douane *f*
Zoll- – douanier/-ière
zollfrei – exempt de taxes
Zubehör – accessoire *m*
Zufriedenheit – satisfaction *f*
zufrieden stellen – satisfaire (à)
Zugang – accès *m*
zugehen (lassen) – (faire) parvenir
Zunahme – accroissement *m*
zunehmen – augmenter
zurückerstatten – rembourser
zurücknehmen – reprendre
zurückrufen – rappeler
zurücksenden – renvoyer, retourner
zurücktreten – se retirer
zurückzahlen – rembourser
zurückzuführen sein auf – être dû / due à
Zusage – engagement *m*
Zusammenarbeit – collaboration *f*
sich **zusammenschließen** – s'associer
zusätzlich – supplémentaire
Zusendung – envoi *m*
zusichern – assurer
zuständig – compétent/e
Zuständigkeit – compétence *f*
Zustimmung – agrément *m*
zuvor – préalablement
Zweigstelle *(Tochtergesellschaft)* – filiale *f*
Zwischenverkauf – vente *f* intermédiaire, vente *f* préalable

Stichwortverzeichnis

A

B

T

U

V

W

Z

Kleiner Spickzettel für Telefongespräche

Sie möchten jemanden anrufen

Name und Firma nennen	☎ Oui bonjour, ici France Dumont de la Société...
Sich entschuldigen	☎ Je m'excuse de vous déranger (si tard). ☎ Excusez-moi, je me suis trompé/e de numéro.
Den gewünschten Gesprächspartner verlangen	☎ Je voudrais parler à M. / Mme ..., s'il vous plaît. ☎ J'aimerais parler à quelqu'un du Marketing / du service du personnel / de la comptabilité / du service à la clientèle.
Den Grund des Anrufs nennen	☎ C'est à propos de...
Zuständigkeiten erfragen	☎ Pourriez-vous me passer quelqu'un qui peut me renseigner à propos de...
Um Hilfe bitten	☎ Pourriez-vous peut-être m'aider ?
Um einen Termin bitten	☎ Je voudrais bien avoir un rendez-vous avec M. / Mme ... (C'est très urgent.)
Erreichbarkeit erfragen	☎ Quand puis-je le / la rappeler ?
Eine Nachricht hinterlassen	☎ Pourriez-vous demander à M. / Mme ... de me rappeler ?
Später nochmals anrufen	☎ Je rappellerai plus tard.
Verständnis sichern	☎ Pardon ? Je n'ai pas bien compris. Pourriez-vous répéter, s'il vous plaît ?
Zum Ende kommen	☎ Je vous remercie beaucoup. ☎ Merci beaucoup de m'avoir aidé.
Sich verabschieden	☎ Au revoir.